Colección
Grandes títulos de la literatura

La gitanilla

Miguel de Cervantes

Adaptación de Carlos Romero Dueñas

Nivel A2

MULTIPLATAFORMA

En www.edelsa.es

Director de la colección:
Alfredo González Hermoso.

Adaptador de *La gitanilla*: Carlos Romero Dueñas.

La versión adaptada sigue la edición de *La gitanilla*, de Miguel de Cervantes, editorial Castalia, S.A., Madrid, 1982.

Primera edición: 2015
Cuarta impresión: 2017

Edelsa Grupo Didascalia, S.A. Madrid, 2015.
Dirección y coordinación editorial: Departamento de Edición de Edelsa.
Diseño de cubierta: Departamento de Imagen de Edelsa.
Diseño y maquetación interior: Estudio Grafimarque, S.L.

ISBN: 978-84-9081-707-0
Depósito legal: M-710-2015

Impreso en España/*Printed in Spain*

Notas
- La editorial Edelsa ha solicitado los permisos de reproducción correspondientes y da las gracias a todas aquellas personas e instituciones que han prestado su colaboración.
- «Cualquier forma de reproducción de esta obra solo puede ser realizada con la autorización de la editorial, salvo excepción prevista por la ley. Diríjase a CEDRO (Centro Español de Derechos Reprográficos, *www.cedro.org*) si necesita fotocopiar o escanear algún fragmento de esta obra».

ÍNDICE

Vida y obra de Miguel de Cervantes	4
Capítulo 1	5
Capítulo 2	32
Capítulo 3	46
Actividades	65

Miguel de Cervantes
VIDA Y OBRA

1547 — Nace en Alcalá de Henares (Comunidad de Madrid).

1571 — Participa en la batalla de Lepanto. Es herido y queda inútil de su brazo izquierdo.

1575 / 1580 — De regreso a España unos piratas argelinos lo meten en una cárcel durante cinco años. Escribe su obra de teatro *El trato de Argel* y un relato que está en la primera parte del *Quijote*.

1584 / 1586 — Se casa con Catalina de Salazar. Se separan a los dos años. En 1585 se publica *La Galatea*, su primera gran obra, y escribe su obra de teatro *La Numancia*, que se publica más tarde, junto con *El trato de Argel*.

1587 / 1597 — Trabaja en Andalucía como cobrador de impuestos para la Armada Invencible. En 1597 lo acusan de quedarse con dinero público y lo encarcelan en Sevilla. Empieza a escribir el *Quijote*.

1605 / 1615 — Publica la primera parte de *El ingenioso hidalgo Don Quijote de la Mancha*. Diez años después publica la segunda. En 1613 publica las *Novelas ejemplares*, relatos cortos sobre el bien, el mal o el amor. Entre estas novelas está *La gitanilla*.

1616 — Muere en Madrid.

Ficha ampliada en www.edelsa.es >tuaulavirtual

Capítulo 1

Una gitana[1] vieja crió[2] a una muchacha como su nieta[3]. Le puso el nombre de Preciosa y le enseñó todas las costumbres de los gitanos. Preciosa era la mejor bailadora[4] de todos los gitanos y la más hermosa y discreta[5] de todas las mujeres.

La dura vida que llevan los gitanos no puso feas su cara ni sus manos; recibía una mala educación, pero no parecía gitana porque era muy buena con todas las personas. Además era muy simpática y desenvuelta[6], pero honesta[7], por eso ninguna otra gitana decía palabras feas delante de ella.

Por todo eso, la abuela se dio cuenta del tesoro[8] que tenía en la nieta y quiso enseñarle a ganar dinero gracias a su inteligencia. Preciosa aprendió muchas

---

1 gitana: mujer de raza gitana. Las personas de esta raza estaban por todo el mundo, no vivían en un lugar fijo y se dedicaban a cantar, bailar, etc.
2 criar: cuidar, dar de comer y educar a una persona.
3 nieto, a: respecto de una persona, hijo de su hijo.
4 bailadora: mujer que se dedica a bailar.
5 discreta: educada. Persona que no hace excesos.
6 desenvuelta: aquí, simpática y que habla con todo el mundo.
7 honesta: sincera. Que no hace ni dice cosas malas.
8 tesoro: aquí, persona que vale mucho.

canciones y versos[9], especialmente romances[10], que los cantaba con una simpatía especial; porque su abuela, que era muy lista, vio que todas esas cosas en una chica tan joven y tan hermosa podían hacerle ganar mucho dinero.

Versión original del texto anterior

Una, pues, desta nación, gitana vieja, que podía ser jubilada en la ciencia de Caco, crió una muchacha en nombre de nieta suya, a quien puso nombre Preciosa, y a quien enseñó todas sus gitanerías y modos de embelecos y trazas de hurtar. Salió la tal Preciosa la más única bailadora que se hallaba en todo el gitanismo, y la más hermosa y discreta que pudiera hallarse, no entre los gitanos, sino entre cuantas hermosas y discretas pudiera pregonar la fama.

Ni los soles, ni los aires, ni todas las inclemencias del cielo, a quien más que otras gentes están sujetos los gitanos, pudieron deslustrar su rostro ni curtir las manos; y lo que es más, que la crianza tosca en que se criaba no descubría en ella sino ser nacida de mayores prendas que de gitana, porque era en estremo cortés y bien razonada. Y, con todo esto, era algo desenvuelta, pero no de modo que descubriese algún género de deshonestidad; antes, con ser aguda, era tan honesta, que en su presencia no osaba alguna gitana, vieja ni moza, cantar cantares lascivos ni decir palabras no buenas.

Y, finalmente, la abuela conoció el tesoro que en la nieta tenía; y así, determinó el águila vieja sacar a volar su aguilucho y enseñarle a vivir por sus uñas.

---

9 versos: poesía.
10 romance: poema de varios versos de ocho sílabas común en la poesía popular española.

> Salió Preciosa rica de villancicos, de coplas, seguidillas y zarabandas, y de otros versos, especialmente de romances, que los cantaba con especial donaire. Porque su taimada abuela echó de ver que tales juguetes y gracias, en los pocos años y en la mucha hermosura de su nieta, habían de ser felicísimos atractivos e incentivos para acrecentar su caudal.

Preciosa se crió en diversas partes de Castilla[11], y a los quince años su abuela la llevó a la Corte[12]. La primera vez que Preciosa entró en Madrid fue un día de Santa Ana, patrona[13] de la ciudad. Llegó cantando y bailando junto con otras gitanas; todas iban muy limpias, pero el aseo[14] de Preciosa era muy grande, por eso poco a poco enamoró a todos los que la miraban. Entre el sonido de la música todo el mundo empezó a hablar de la belleza y la gracia de la gitanilla[15]. Los hombres y los chicos jóvenes corrían a mirarla. Pero cuando la oyeron cantar aumentó la fama[16] de la gitanilla y todos los que estaban en aquella fiesta pensaron que era la mejor del baile.

Al llegar a la iglesia de Santa María[17], Preciosa cantó un romance que admiró[18] a todos los que la escuchaban.

---

11 Castilla: región en el centro de España. En aquella época Madrid pertenecía a Castilla.
12 Corte: ciudad donde estaba el gobierno de un país. Aquí, Madrid.
13 patrona: en la religión católica, santa o virgen que se elige para proteger una ciudad.
14 aseo: limpieza.
15 gitanilla: gitana joven.
16 tener fama: ser muy conocido.
17 iglesia de Santa María: en aquella época era la iglesia más grande y más antigua de Madrid. Actualmente es la catedral de la Almudena.
18 admirar: contemplar, ver algo con sorpresa y alegría.

La gitanilla

Unos decían: «¡Dios ha bendecido[19] a la muchacha!». Otros: «¡Esta chica no parece gitana! Tiene que ser hija de un gran señor». Se acabó la fiesta de Santa Ana y Preciosa estaba cansada, pero en toda la Corte se hablaba de su hermosura, de su gracia y de su discreción[20].

Quince días más tarde volvió a Madrid con otras tres muchachas y con la gitana vieja, que nunca la dejaba sola porque no quería perderla; la llamaba nieta y ella siempre pensó que era su abuela.

Todas cantaban romances y canciones alegres y se pusieron a bailar en la calle a la sombra. El público hizo un gran corro[21] y, mientras bailaban, la vieja pedía limosna[22].

Más de doscientas personas estaban mirando el baile y escuchando el canto de las gitanas, y en el momento más interesante pasó por allí uno de los tenientes[23] de la ciudad, y al ver tanta gente junta preguntó qué pasaba. Le respondieron que estaban escuchando cantar a la gitanilla hermosa. Se acercó el policía, que era curioso[24], y escuchó un rato, pero como tenía que trabajar, no escuchó el romance hasta el final. Sin embargo, le gustó mucho la gitanilla y le preguntó a la gitana vieja si podía ir por la tarde a su casa con las gitanillas,

---

19 bendecir: ayudar Dios a alguien.
20 discreción: bondad y educación con las personas.
21 corro: grupo de personas que forman un círculo.
22 limosna: dinero que se da a los pobres.
23 teniente: aquí y entonces, sustituto del alcalde.
24 curioso: que quiere saber las cosas de los demás.

porque quería enseñárselas a doña Clara, su mujer. La vieja dijo que sí.

Acabaron el baile y el canto y se fueron a otro sitio, donde llegó un paje[25] muy bien vestido. Le dio a Preciosa un papel doblado[26] y le dijo:

—Preciosica[27], canta el romance que está escrito aquí porque es muy bueno, y yo te voy a dar más otros días. Con ellos vas a tener fama de ser la mejor romancera[28] del mundo.

—Lo voy a hacer muy contenta —respondió Preciosa—. Deme, señor, todos los romances que dice, pero sin palabras feas. Y si quiere, yo se los voy a pagar después de cantarlos.

—Si me paga para comprar el papel —dijo el paje—, ya estoy contento. Y si el romance no es bueno o no es honesto[29], no tiene que cantarlo.

—Yo voy a escogerlos[30] —respondió Preciosa.

Y se fueron. Después desde una reja[31] llamaron unos caballeros a las gitanas. Preciosa se acercó y vio en una

---

25 paje: en aquella época, joven que trabajaba para otro hombre ayudándole en todo. Criado.
26 doblado: unido por las puntas para hacerlo más pequeño.
27 Preciosica: diminutivo de Preciosa.
28 romancera: mujer que canta romances (poemas).
29 honesto: que no tiene palabras feas.
30 escoger: elegir, seleccionar una cosa entre otras muchas.
31 reja: conjunto de barras de hierro en las ventanas para impedir el paso.

sala muy elegante a muchos caballeros que estaban paseando o jugando a diversos juegos.

—¿Me dan ustedes algo de dinero, señores? —dijo Preciosa.

Al oír la voz de Preciosa y al ver su cara, los caballeros dejaron de jugar o de pasear y fueron a la reja para verla, porque ya oyeron hablar de ella, y dijeron:

—Entren, entren las gitanillas, porque aquí les vamos a dar dinero.

—Pero no nos gustan los pellizcos[32] —dijo Preciosa.

—Claro que no —dijo uno—, puedes entrar, niña, segura de que nadie te va a tocar.

—Si tú quieres entrar, Preciosa, hazlo —dijo una de las tres gitanillas que iban con ella—, pero yo no pienso entrar en un sitio donde hay tantos hombres.

—Mira, Cristina —respondió Preciosa—, la mujer que es honrada[33] lo puede ser entre un ejército de soldados.

—Entremos, Preciosa —dijo Cristina—, que tú sabes más que un sabio[34].

---
32 pellizco: tomar con los dedos un trozo de carne o piel y apretarla.
33 honrada: buena.
34 sabio: inteligente, que sabe mucho.

Las animó la gitana vieja y entraron. Entonces un caballero se acercó a Preciosa y le tomó el papel que llevaba en el pecho. Y dijo Preciosa:

—¡Démelo, señor, que es un romance que me han dado ahora y aún no lo he leído!

—¿Y sabes tú leer, hija? —dijo uno.

—Y escribir —respondió la vieja—, que a mi nieta la he criado como a hija de un gran señor.

Abrió el caballero el papel y vio que venía dentro de él un escudo[35] de oro, y dijo:

—Toma, Preciosa, este escudo que viene con el romance.

—¡Vaya! —dijo Preciosa—. Si todos los romances vienen con un escudo, espero muchos más de ese poeta.

Todos se quedaron admirados de la gracia que tenía la gitanilla hablando.

—Lea, señor —dijo ella—, y lea alto. Vamos a ver si escribe bien este poeta.

Y el caballero leyó así:

---

35 escudo: aquí, moneda de la época. A lo largo de la novela aparecen otras monedas de la época: blanca, cuarto, real, doblón y ducado.

La gitanilla

Gitanilla, tan hermosa,
contenta puedes estar,
que todo el mundo al pasar
te va llamando Preciosa.
Entre gentes tan vulgares[36],
¿cómo nació tal belleza?
¿O cómo nació tal pieza[37]
junto al río Manzanares[38]?
Dicen que son hechiceras[39]
todas las de tu nación[40],
pero tus hechizos[41] son
de mayor fuerza y de veras[42].
Tú hechizas de cien mil modos[43]
bien hablando o bien callando,
ya sea cantando o mirando,
pero enamoras a todos.
Preciosa joya[44] de amor,
esto humildemente[45] escribe
el que por ti muere y vive,
pobre, aunque humilde[46] amador[47].

---

36 vulgar: simple e inculto.
37 pieza: aquí, algo o alguien importante.
38 Manzanares: río que pasa por Madrid.
39 hechicera: mujer que tiene poderes sobrenaturales.
40 nación: aquí, pueblo gitano.
41 hechizo: acción de la hechicera para obtener lo que quiere. Aquí, poderes, o encanto.
42 de veras: de verdad.
43 modo: manera, forma.
44 joya: objeto de valor. Tesoro.
45 humildemente: con sencillez. Que es poco importante.
46 humilde: que se cree poco importante.
47 amador: que ama o quiere a alguien.

Versión original del texto anterior

> Gitanica, que de hermosa
> te pueden dar parabienes:
> por lo que de piedra tienes
> te llama el mundo Preciosa.
> De esta verdad me asegura
> esto, como en ti verás;
> que no se apartan jamás
> la esquiveza y la hermosura.
> Si como en valor subido
> vas creciendo en arrogancia,
> no le arriendo la ganancia
> a la edad en que has nacido;
> que un basilisco se cría
> en ti, que mate mirando,
> y un imperio que, aunque blando,
> nos parezca tiranía.
> Entre pobres y aduares,
> ¿cómo nació tal belleza?
> O ¿cómo crió tal pieza
> el humilde Manzanares?
> Por esto será famoso
> al par del Tajo dorado
> y por Preciosa preciado
> más que el Ganges caudaloso.
> Dices la buenaventura,
> y dasla mala contino;
> que no van por un camino
> tu intención y tu hermosura.
>
> Porque en el peligro fuerte
> de mirarte o contemplarte
> tu intención va a desculparte,
> y tu hermosura a dar muerte.
> Dicen que son hechiceras
> todas las de tu nación,
> pero tus hechizos son
> de más fuerzas y más veras;
> pues por llevar los despojos
> de todos cuantos te ven,
> haces, ¡oh niña!, que estén
> tus hechizos en tus ojos.
> En sus fuerzas te adelantas,
> pues bailando nos admiras,
> y nos matas si nos miras,
> y nos encantas si cantas.
> De cien mil modos hechizas:
> hables, calles, cantes, mires;
> o te acerques, o retires,
> el fuego de amor atizas.
> Sobre el más esento pecho
> tienes mando y señorío,
> de lo que es testigo el mío,
> de tu imperio satisfecho.
> Preciosa joya de amor,
> esto humildemente escribe
> el que por ti muere y vive,
> pobre, aunque humilde amador.

—En el último verso el poeta dice que es pobre —dijo en ese momento Preciosa—. ¡Eso no está bien! Los enamorados nunca tienen que decir que son pobres, porque yo pienso que la pobreza no es amiga del amor.

—¿Quién te enseña eso, niña? —dijo uno.

—Las gitanas aprendemos las cosas antes que las demás gentes —respondió Preciosa—. No hay gitano ni gitana tontos, porque para vivir necesitan ser astutos[48] y mentirosos y por eso se despierta antes su inteligencia.

Todos estaban contentos de escucharla y le dieron dinero. La vieja contó hasta treinta reales[49] y se fueron todas muy contentas a casa del señor teniente, pero antes les dijo a aquellos señores que quería volver otro día.

* * *

La señora doña Clara, mujer del señor teniente, ya estaba esperando en su casa a las gitanillas, y con ella se juntaron las mujeres que estaban a su servicio y también una vecina. Al entrar las gitanas, todas corrieron a mirar y a abrazar a Preciosa, que era la más hermosa de todas. Doña Clara decía:

—¡Este cabello parece de oro! ¡Y estos son ojos de esmeraldas[50]!

Oyó esto un criado que allí estaba, de larga barba y con muchos años, y dijo:

---

48 astuto: listo, que engaña a alguien y no se deja engañar.
49 real: moneda de la época.
50 esmeralda: piedra preciosa de color verde.

140 —¡Por Dios, qué linda[51] es la gitanilla! ¿Sabes decir la buenaventura[52], niña?

—De tres o cuatro maneras —respondió Preciosa.

—¿Ah, sí? —dijo doña Clara—, pues me la tienes que decir, niña de oro.

145 —Denle, denle la mano a la niña —dijo la vieja— y van a ver las cosas que les dice, porque sabe más que un doctor en medicina. Pero necesita una moneda para hacer la cruz sobre la palma[53] de la mano.

La señora del teniente metió la mano en la bolsa 150 que tenía debajo de la falda y no tenía blanca[54]. Pidió un cuarto a sus criadas, pero nadie tenía, ni la vecina tampoco. Entonces una criada, viendo que en la casa no había dinero, le dijo a Preciosa:

—Niña, ¿se puede hacer la cruz con un dedal[55] de 155 plata?

Tomó Preciosa el dedal y la mano de la señora del teniente y le dijo la buenaventura cantando un romance. Al acabar, las otras mujeres también quisieron saber la suya, pero ella les dijo que podía volver el próximo vier-
160 nes si tenían reales de plata para hacer las cruces.

---

51 linda: guapa.
52 decir la buenaventura: decirle a alguien su futuro, sobre todo mirando las rayas de la mano.
53 palma: aquí, parte de debajo de la mano.
54 no tener blanca: expresión que significa *no tener dinero*.
55 dedal: objeto que se pone en el dedo para coser.

La gitanilla

En esto vino el señor teniente e hizo bailar un poco a las gitanillas. Después quiso darles algo de dinero, pero no encontró ninguna moneda en su bolsillo y dijo:

—¡Por Dios, que no tengo blanca! Dele usted, doña Clara, un real a Preciosa.

—¡Bueno es esto, señor! No hemos tenido entre todas nosotras un cuarto para hacer la señal de la cruz, ¿y me pide un real?

—Pues dele alguna otra cosa porque si no otro día no va a volver Preciosa.

Entonces dijo doña Clara:

—Pues ahora no le voy a dar nada, y así va a volver otra vez.

—Normalmente, si no me dan nada —dijo Preciosa—, nunca más vuelvo al sitio, pero aquí sí voy a volver, porque me gusta servir[56] a señores tan importantes. Voy a pensar que el próximo día no me van a dar nada y así no tengo que esperarlo.

—¡Qué lista eres, Preciosa! —dijo el teniente—. Voy a llevarte ante los reyes.

—En los palacios hay más personas malas que buenas. Yo prefiero ser gitana y pobre.

---
56 servir: trabajar para alguien.

—Vamos, niña —dijo la gitana vieja—, no hables más, que has hablado mucho y sabes más de lo que yo te he enseñado.

Se despidieron las gitanas y se fueron. Luego se juntaron con algunas labradoras[57] que salían de Madrid para volver a sus pueblos, porque si iban acompañadas se sentían más seguras.

* * *

Una mañana que volvían a Madrid con algunas gitanillas, en un valle[58] pequeño que está cerca de la ciudad, vieron a un joven muy guapo y muy bien vestido. Llevaba una espada[59] brillante como el oro y un sombrero con plumas[60] de varios colores. Se pararon las gitanas para mirarle bien. Estaban admiradas de ver a un muchacho tan guapo en ese lugar y a esas horas, a pie y solo.

Él se acercó a ellas y le dijo a la gitana mayor:

—Por favor, amiga, déjeme hablar con usted y con Preciosa a solas, porque tengo que decirles una cosa que les va a gustar.

—De acuerdo, pero deprisa —respondió la vieja.

---
57 labradora: campesina, mujer que trabaja la tierra.
58 valle: zona que hay entre dos montañas.
59 espada: arma de metal larga y estrecha que corta.
60 pluma: cada una de las partes que cubre el cuerpo de las aves.

La gitanilla

Llamó a Preciosa, se separaron de las otras unos veinte pasos, y así de pie, como estaban, el muchacho les dijo:

—Yo, señoras mías, estoy enamorado de la belleza y discreción[61] de Preciosa, y lo he pensado mucho antes de venir a verlas porque soy caballero e hijo de un noble[62] —y les dijo el nombre de su padre— y espero ser muy rico. Sin embargo, he venido a buscar a Preciosa para hacerla mi esposa[63].

3. Versión original del texto anterior

Sucedió, pues, que la mañana de un día que volvían a Madrid a coger la garrama con las demás gitanillas, en un valle pequeño que está obra de quinientos pasos antes que se llegue a la villa, vieron un mancebo gallardo y ricamente aderezado de camino. La espada y daga que traía eran, como decirse suele, una ascua de oro; sombrero con rico cintillo y con plumas de diversas colores adornado. Repararon las gitanas en viéndole, y pusiéronsele a mirar muy de espacio, admiradas de que a tales horas un tan hermoso mancebo estuviese en tal lugar, a pie y solo.

Él se llegó a ellas, y, hablando con la gitana mayor, le dijo:

—Por vida vuestra, amiga, que me hagáis placer que vos y Preciosa me oyáis aquí aparte dos palabras, que serán de vuestro provecho.

—Como no nos desviemos mucho, ni nos tardemos mucho, sea en buen hora —respondió la vieja.

Y, llamando a Preciosa, se desviaron de las otras obra de veinte pasos; y así, en pie, como estaban, el mancebo les dijo:

---
61 discreción: inteligencia para actuar y hablar.
62 noble: persona importante.
63 esposa: mujer casada.

—Yo vengo de manera rendido a la discreción y belleza de Preciosa, que después de haberme hecho mucha fuerza para escusar llegar a este punto, al cabo he quedado más rendido y más imposibilitado de escusallo. Yo, señoras mías (que siempre os he de dar este nombre, si el cielo mi pretensión favorece), soy caballero, como lo puede mostrar este hábito —y, apartando el herreruelo, descubrió en el pecho uno de los más calificados que hay en España—; soy hijo de Fulano —que por buenos respectos aquí no se declara su nombre—; estoy debajo de su tutela y amparo, soy hijo único, y el que espera un razonable mayorazgo. Mi padre está aquí en la Corte pretendiendo un cargo, y ya está consultado, y tiene casi ciertas esperanzas de salir con él. Y, con ser de la calidad y nobleza que os he referido, y de la que casi se os debe ya de ir trasluciendo, con todo eso, quisiera ser un gran señor para levantar a mi grandeza la humildad de Preciosa, haciéndola mi igual y mi señora.

No quiero burlarme[64] de ella, solo quiero servirla porque su voluntad[65] es la mía. Mi nombre es este —y también se lo dijo— y vivo en la casa de mi padre, que es en tal calle; podéis pedir información a los vecinos, y también a los que no son vecinos, porque mi padre es muy conocido en toda la Corte. Aquí traigo cien escudos de oro[66] para daros en señal[67] de lo que más tarde pienso daros, porque el que da su alma no puede negar su dinero.

Mientras el caballero hablaba, Preciosa le miraba atentamente, y no le parecieron mal sus palabras y su forma de vestir; se volvió a la vieja y le dijo:

---
64 burlarse: reírse de alguien.
65 voluntad: deseo.
66 escudo de oro: moneda de la época.
67 señal: aquí, dinero que se paga antes. Luego se da más.

La gitanilla

—Abuela, voy a responder yo a este enamorado señor.

—Responde tú, nieta —contestó la vieja—, porque yo sé que tienes discreción para todo.

Y Preciosa dijo: 225

—Yo, señor caballero, soy gitana pobre y humilde, pero ni me admiran las promesas[68], ni los regalos, ni las palabras de amor. Solo tengo quince años, pero ya pienso como una persona mayor, por eso sé que las pasiones[69] de los enamorados desaparecen con rapidez. Si 230 consiguen lo que desean, luego desaparece el deseo y pueden llegar a odiar lo que antes amaban.

4. Versión original del texto anterior

—Yo, señor caballero, aunque soy gitana pobre y humildemente nacida, tengo un cierto espiritillo fantástico acá dentro, que a grandes cosas me lleva. A mí ni me mueven promesas, ni me desmoronan dádivas, ni me inclinan sumisiones, ni me espantan finezas enamoradas; y, aunque de quince años (que, según la cuenta de mi abuela, para este San Miguel los haré), soy ya vieja en los pensamientos y alcanzo más de aquello que mi edad promete, más por mi buen natural que por la esperiencia. Pero, con lo uno o con lo otro, sé que las pasiones amorosas en los recién enamorados son como ímpetus indiscretos que hacen salir a la voluntad de sus quicios; la cual, atropellando inconvenientes, desatinadamente se arroja tras su deseo, y, pensando dar con la gloria de sus ojos, da con el infierno de sus pesadumbres. Si alcanza lo que desea, mengua el deseo con la posesión de la

---

68 promesa: compromiso.
69 pasión: amor muy fuerte.

cosa deseada, y quizá, abriéndose entonces los ojos del entendimiento, se vee ser bien que se aborrezca lo que antes se adoraba.

Por eso dudo[70] de muchas palabras. Solo tengo una joya, que amo más que a mi vida, y es la virginidad[71], y no la voy a dar por unas promesas o unos regalos, ni me la van a robar con engaños, porque antes me muero con ella. La virginidad es como una flor: si la cortan, en seguida se marchita[72].

Si usted, señor, viene por ella, solo se la va a llevar después del matrimonio[73]. Si quiere ser mi esposo[74], yo puedo ser suya, pero tiene que escuchar primero unas condiciones[75]. Primero tengo que saber si es usted el que dice; si esto es verdad, luego tiene que dejar la casa de sus padres y tiene que venir a nuestro campamento. Se tiene que vestir de gitano y vivir dos años con nosotros. Al cabo de ese tiempo, si sigue amándome y yo también le amo, entonces voy a entregarme por esposa. Pero mientras tanto voy a ser como su hermana.

5. Versión original del texto anterior

Si vos, señor, por sola esta prenda venís, no la habéis de llevar sino atada con las ligaduras y lazos del matrimonio; que si la virginidad se ha de inclinar, ha de ser a este santo yugo, que

---
70 dudar: no estar seguro de alguna cosa.
71 virginidad: característica de la persona que no ha hecho el acto sexual nunca.
72 marchitar: aquí, dejar de ser bonita y joven.
73 matrimonio: boda. Unión legal de dos personas.
74 esposo: hombre casado.
75 condición: cosa necesaria para que pase otra.

> entonces no sería perderla, sino emplearla en ferias que felices ganancias prometen. Si quisiéredes ser mi esposo, yo lo seré vuestra, pero han de preceder muchas condiciones y averiguaciones primero. Primero tengo de saber si sois el que decís; luego, hallando esta verdad, habéis de dejar la casa de vuestros padres y la habéis de trocar con nuestros ranchos; y, tomando el traje de gitano, habéis de cursar dos años en nuestras escuelas, en el cual tiempo me satisfaré yo de vuestra condición, y vos de la mía; al cabo del cual, si vos os contentáredes de mí, y yo de vos, me entregaré por vuestra esposa.

El muchacho quedó admirado de las palabras de Preciosa y se puso a mirar hacia el suelo pensando lo que quería responder. Viendo esto Preciosa volvió a decirle:

—No tiene que responder ahora. Vuelva a la ciudad, señor, y piénselo despacio. Y en este mismo lugar me puede encontrar todos los días de fiesta, al ir o venir de Madrid.

Y el caballero respondió:

—Cuando me enamoré de ti, Preciosa, decidí hacer tu deseo. Así que si esto quieres, voy a ser gitano, claro. Dime cuándo puedo ir, que yo voy a engañar a mis padres diciéndoles que voy a Flandes[76]. Pero una cosa te pido (si es que ya puedo pedirte algo), y es que tienes que ir hoy a Madrid a informarte sobre mí y sobre mis padres, y luego no tienes que volver más a la ciudad, porque te puedes enamorar de otro.

---
76 Flandes: región histórica del norte de Europa (Bélgica). Perteneció a España.

265 —Eso no, señor —respondió Preciosa—, yo necesito siempre libertad, no quiero celos[77]. Piense que yo soy honesta y espero su confianza[78] en mí.

Todo lo que Preciosa decía aumentaba el amor del caballero. Finalmente, decidieron que después de ocho
270 días se iban a encontrar en aquel mismo lugar. Sacó el muchacho una pequeña bolsa y dijo que en ella había cien escudos de oro; se los dio a la vieja, pero Preciosa no los quiso tomar. Entonces la gitana le dijo:

—Calla, niña, que esta es la mejor señal que este se-
275 ñor ha dado de estar enamorado. Además, necesitamos el dinero porque a veces la policía se lleva a alguno de nuestros parientes[79] por hacer algún delito[80].

—Está bien, abuela, pero hay que darles algo a nuestras compañeras, porque hace mucho que nos esperan y
280 pueden estar enfadadas.

—Ellas no van a ver ninguna moneda de estas— replicó[81] la vieja—, pero este buen señor seguro que tiene alguna moneda de plata, o cuartos[82], y los puede repartir[83] entre ellas, que con poco van a estar contentas.

285 —Sí, traigo —dijo el joven.

---
77 celos: envidia.
78 confianza: seguridad. Pensar que una persona va a hacer lo que se espera.
79 pariente: persona de la misma familia.
80 delito: algo en contra de la ley.
81 replicar: decir, contestar.
82 cuarto: moneda de la época.
83 repartir: compartir. Dar una cosa a cada persona.

Y sacó del bolsillo tres reales y los repartió entre las tres gitanillas, que quedaron muy contentas y alegres.

Al final, decidieron, como ya hemos dicho, que iba a encontrarse después de ocho días y que entre los gitanos se iba a llamar Andrés Caballero. Andrés (que así lo vamos a llamar a partir de ahora) las dejó y se fue para Madrid. Ellas, contentísimas, hicieron lo mismo.

* * *

Al entrar en la ciudad, Preciosa se encontró con el paje poeta de los romances y el escudo, y cuando él la vio, se acercó a ella diciendo:

—Hola, Preciosa, ¿leíste los poemas que te di el otro día?

Y Preciosa respondió:

—Antes de responderle, me tiene que decir una cosa, y espero la verdad.

—Claro que sí —dijo el paje—. Voy a decir toda la verdad.

—Pues quiero saber —dijo Preciosa— si es usted de verdad poeta.

—Sí que lo soy —replicó el paje— porque los versos que te di son míos y estos que te doy ahora también lo son. Pero ¿por qué me haces esta pregunta, Preciosa?

—Porque yo creía que todos los poetas eran pobres —dijo Preciosa— y me sorprendió ver aquel escudo que me dejó entre los versos.

—Pues yo no soy poeta rico, pero tampoco pobre —replicó el paje—, así que bien puedo dar un escudo, o dos, a quien quiero. Ten, preciosa perla[84], este segundo papel y este segundo escudo que va con él, y olvida si soy poeta o no.

Así que le dio el papel y Preciosa lo tomó. Pero al ver que dentro venía otro escudo le dijo:

—Quédese el escudo, señor paje, porque yo le quiero a usted como poeta y como amigo, y la amistad no se paga con dinero.

—Entonces —replicó el paje— devuélveme el escudo, Preciosa, y si lo tocas con la mano, lo voy a guardar siempre como un recuerdo tuyo.

Preciosa sacó el escudo y se quedó con el papel, pero no lo quiso leer en la calle. El paje se despidió y se fue muy contento, pensando que Preciosa estaba enamorada de él.

Y como ella quería buscar la casa del padre de Andrés, no se paró a bailar en ningún sitio y encontró en seguida la calle que buscaba. Al llegar vio que en el

---

84 perla: aquí, persona muy querida.

La gitanilla

balcón[85] de la casa había un caballero de unos cincuenta años, con un hábito de cruz colorada[86] en el pecho, y que al ver a la gitanilla dijo:

—Subid, niñas, que aquí os van a dar limosna.

> **6.** Versión original del texto anterior
>
> Y, como ella llevaba puesta la mira en buscar la casa del padre de Andrés, sin querer detenerse a bailar en ninguna parte, en poco espacio se puso en la calle do estaba, que ella muy bien sabía; y, habiendo andado hasta la mitad, alzó los ojos a unos balcones de hierro dorados, que le habían dado por señas, y vio en ella a un caballero de hasta edad de cincuenta años, con un hábito de cruz colorada en los pechos, de venerable gravedad y presencia; el cual, apenas también hubo visto la gitanilla, cuando dijo:
>
> —Subid, niñas, que aquí os darán limosna.

Entonces salieron al balcón otros tres caballeros, y entre ellos vino el enamorado Andrés, que al ver a Preciosa perdió el color de la cara[87]. Subieron las gitanillas, excepto la vieja, porque se quedó abajo para preguntarles a los criados cosas sobre Andrés.

Al entrar las gitanillas en la casa, el caballero anciano[88] estaba diciendo a los otros:

---
85 balcón: terraza pequeña y estrecha con una reja para apoyarse.
86 hábito de cruz colorada: traje que llevan los hombres de la orden de Santiago de Calatrava (organización religiosa y militar compuesta por nobles y caballeros importantes). Estas órdenes se crearon para luchar contra los no católicos. Eran cuatro: Santiago, Calatrava, Alcántara y Montesa.
87 perder el color de la cara: ponerse blanco por el miedo, asustarse.
88 anciano: que tiene muchos años, viejo.

—Esta puede ser la gitanilla hermosa que anda por Madrid.

—Ella es —replicó Andrés—, y además es la mujer más hermosa del mundo.

—Eso dicen —dijo Preciosa, que lo oyó todo—, pero no creo ser tan hermosa.

—Mi hijo Juan tiene razón —dijo el anciano—, eres más guapa de lo que dicen.

—¿Y quién es su hijo Juan? —preguntó Preciosa.

—Ese joven que está a tu lado —respondió el caballero.

Después las tres gitanillas que iban con Preciosa se fueron hacia un rincón[89] para hablar entre ellas y Cristina dijo:

—Muchachas, este es el caballero que nos dio esta mañana los tres reales.

—Es verdad —respondieron las otras—, pero no podemos decir nada, porque quizás él no quiere decirlo.

Mientras ellas hablaban, Preciosa miró a don Juan y dijo:

---
89 rincón: aquí, lugar que está más lejos.

La gitanilla

—Lo que veo con los ojos, con el dedo lo adivino[90], y sé que el señor don Juan se enamora con facilidad y promete cosas imposibles y quizás es un poco mentiroso[91]. También veo que tiene que hacer un viaje muy lejos de aquí. Y ahora denos una limosna.

A esto respondió don Juan, es decir, Andrés Caballero:

—En verdad, gitanilla, que has adivinado muchas cosas de mí, pero no soy mentiroso. La palabra que yo doy[92] en el campo la cumplo en la ciudad. Mi padre te va a dar limosna porque esta mañana di todo lo que tenía a unas damas[93] que eran muy hermosas.

Al oír esto las otras gitanillas, una les dijo a las demás:

—¡Ay, niñas, seguro que eso lo dice por los tres reales que nos dio esta mañana! Pero parece que ahora no nos dan nada ni nos van a hacer bailar.

En ese momento el padre de don Juan dijo:

—Preciosa, baila un poco con tus compañeras y os voy a dar este doblón[94] de oro.

Entonces Preciosa tomó las sonajas[95] y se puso a bailar con las otras gitanillas, con tanta gracia que todos

---
90 adivinar: saber algo sin verlo antes.
91 mentiroso: que no dice la verdad.
92 dar (una) palabra: prometer.
93 dama: señora.
94 doblón: moneda de oro de la época.
95 sonaja: pequeños aros de metal que suenan al chocar entre sí.

las miraban con alegría. Pero de repente a Preciosa se le cayó al suelo el papel que le dio el paje y uno de los caballeros lo tomó y dijo:

—¡Bueno! ¡Esto es un poema! Parad el baile y escuchadlo, porque parece que no es malo.

Preciosa no quería y esto aumentó el deseo de Andrés por oírlo. Al final, el caballero lo leyó en voz alta, y empezaba así:

«Cuando Preciosa el panderete[96] toca...».

> **Versión original del texto anterior**
>
> Cuando Preciosa el panderete toca
> y hiere el dulce son los aires vanos,
> perlas son que derrama con las manos;
> flores son que despide de la boca.
>
> Suspensa el alma, y la cordura loca,
> queda a los dulces actos sobrehumanos,
> que, de limpios, de honestos y de sanos,
> su fama al cielo levantado toca.
>
> Colgadas del menor de sus cabellos
> mil almas lleva, y a sus plantas tiene
> amor rendidas una y otra flecha.
>
> Ciega y alumbra con sus soles bellos,
> su imperio amor por ellos le mantiene,
> y aún más grandezas de su ser sospecha.

---

96 panderete: instrumento musical muy popular en España. Está formado por una circunferencia de piel con un aro de madera con sonajas.

Como eran versos de amor, Andrés sintió grandes celos y casi se desmayó[97]. Al verlo su padre, le dijo:

—¿Qué te pasa, don Juan? Parece que te vas a desmayar.

—Esperen —dijo entonces Preciosa—, déjenme decirle unas palabras al oído y van a ver que no se desmaya.

Se acercó a él y le dijo en voz baja:

—Si quiere ser gitano, no puede tener miedo de un papel escrito.

Después le hizo unas cuantas cruces sobre el corazón y se separó de él. Entonces Andrés respiró un poco y dijo que las palabras de Preciosa le curaron.

Finalmente, el padre de Andrés le dio a Preciosa el doblón, pero quiso saber las palabras que le dijo a don Juan. La gitanilla las dijo en voz alta:

> Cabecita, cabecita,
> tente[98] en ti, no te resbales[99].
> Vas a ver cosas
> que casi son milagrosas[100],

---
97 desmayarse: perder el conocimiento y caerse.
98 tenerse: quedarse en pie.
99 resbalar: caer.
100 milagroso: que ocurre sin explicación natural.

Dios delante
y San Cristóbal gigante[101].

Versión original del texto anterior

> Cabecita, cabecita,
> tente en ti, no te resbales,
> y apareja dos puntales
> de la paciencia bendita.
> Solicita
> la bonita
> confiancita;
> no te inclines
> a pensamientos ruines;
> verás cosas
> que toquen en milagrosas,
> Dios delante
> y San Cristóbal gigante.

Andrés quedó asombrado[102] de ver que no eran las mismas palabras que él escuchó y se alegró del ingenio[103] de Preciosa.

Se despidieron las gitanas y se fueron contentísimas con el doblón, que lo cambiaron por monedas más pequeñas y lo repartieron, pero la vieja siempre se llevaba la mayor parte.

---

101 gigante: grande, importante.
102 asombrado: admirado, que ha tenido una sorpresa.
103 ingenio: inteligencia.

Capítulo 2

Llegó, por fin, el día en que Andrés Caballero se encontró con Preciosa y su abuela en el mismo lugar de la primera vez. Iba en una mula[104] y sin ningún criado. Lo llevaron al campamento de los gitanos y le hicieron pasar a una de las barracas[105], donde fueron a verle diez o doce gitanos, a quienes la vieja ya les explicó toda la historia. Al ver la mula, uno de ellos dijo que era muy buena para venderla, pero Andrés respondió que no quería venderla, sino que tenían que matarla para no ser descubierto[106].

9. Versión original del texto anterior

Llegóse, en fin, el día que Andrés Caballero se apareció una mañana en el primer lugar de su aparecimiento, sobre una mula de alquiler, sin criado alguno. Halló en él a Preciosa y a su abuela, de las cuales conocido, le recibieron con mucho gusto. Él les dijo que le guiasen al rancho antes que entrase el día y con él se descubriesen las señas que llevaba, si acaso le buscasen. Ellas, que, como advertidas, vinieron solas, dieron la vuelta, y de allí a poco rato llegaron a sus barracas.

---

104 mulo: animal nacido del cruce de un caballo y una burra.
105 barraca: casa de los gitanos. Se puede transportar fácilmente a otro lugar.
106 descubierto: aquí, encontrado por alguien que le conoce.

Pensaron matarla por la noche y el resto del día se hicieron las ceremonias[107] de la entrada de Andrés a ser gitano, que fueron: vaciaron una de las mejores barracas del campamento y la llenaron de ramas y flores; luego pusieron a Andrés en el centro y tuvo que dar dos saltos en el aire mientras unos gitanos tocaban la guitarra. Después le quitaron la ropa y le dieron dos vueltas muy despacio con una cinta[108] de seda verde nueva y un palo.

Andrés era tan guapo que casi todas las gitanas, jóvenes o viejas, lo miraban con amor. Después de todas estas ceremonias, un gitano viejo tomó de la mano a Preciosa, se puso delante de Andrés y le dijo:

—Te damos por esposa o por amiga a esta muchacha, que es la más hermosa de todas las gitanas que viven en España. Mírala bien y mira si te gusta, porque puedes escoger a otra si tú quieres. Pero tienes que saber que una vez escogida, no la puedes dejar por otra. Entre nosotros los gitanos hay muchos incestos[109], pero no hay ningún adulterio[110]; y cuando lo hace una mujer, la castigamos[111] con la muerte. Estas son nuestras leyes[112] y nunca vamos a la justicia[113], porque vivimos libres y alegres.

---

107 ceremonia: acto solemne y serio que se hace según unas reglas.
108 cinta: pieza de tela larga y estrecha.
109 incesto: relación íntima entre personas de la misma familia.
110 adulterio: relación íntima de una persona con otra que no es su esposo o esposa.
111 castigar: hacer pagar a alguien un error o delito.
112 ley: regla, norma para actuar en un lugar concreto.
113 justicia: aquí, policía.

10.
Versión original del texto anterior

A todo se halló presente Preciosa y otras muchas gitanas, viejas y mozas; que las unas con maravilla, otras con amor, le miraban; tal era la gallarda disposición de Andrés, que hasta los gitanos le quedaron aficionadísimos.

Hechas, pues, las referidas ceremonias, un gitano viejo tomó por la mano a Preciosa, y, puesto delante de Andrés, dijo:

—Esta muchacha, que es la flor y la nata de toda la hermosura de las gitanas que sabemos que viven en España, te la entregamos, ya por esposa o ya por amiga, que en esto puedes hacer lo que fuere más de tu gusto, porque la libre y ancha vida nuestra no está sujeta a melindres ni a muchas ceremonias. Mírala bien, y mira si te agrada, o si vees en ella alguna cosa que te descontente; y si la vees, escoge entre las doncellas que aquí están la que más te contentare; que la que escogieres te daremos; pero has de saber que una vez escogida, no la has de dejar por otra, ni te has de empachar ni entremeter, ni con las casadas ni con las doncellas. Nosotros guardamos inviolablemente la ley de la amistad: ninguno solicita la prenda del otro; libres vivimos de la amarga pestilencia de los celos. Entre nosotros, aunque hay muchos incestos, no hay ningún adulterio; y, cuando le hay en la mujer propia, o alguna bellaquería en la amiga, no vamos a la justicia a pedir castigo: nosotros somos los jueces y los verdugos de nuestras esposas o amigas; con la misma facilidad las matamos.

Nuestros son los campos, las montañas, las fuentes y los ríos. Nos gusta vivir en estas barracas y en estos campamentos porque vamos de un lugar a otro. Somos gente que vivimos en libertad, de día trabajamos y de noche robamos, por eso siempre tenemos lo que queremos.

Buen muchacho, ahora ya sabes la vida que vas a llevar con nosotros, aunque hay muchas otras cosas que vas a ver con el tiempo.

Se calló el viejo gitano y Andrés dijo que se alegraba mucho de unirse a ellos y que le gustaba más aquella alegre vida de los gitanos que la vida de caballero.

45 Entonces Preciosa respondió:

—Según las leyes de estos señores, yo soy tuya, pero no quiero serlo si no es con las condiciones que te dije antes de venir aquí. Tienes que vivir dos años en nuestra compañía porque tienes que estar seguro de que quieres
50 quedarte conmigo. Estos señores pueden entregarte mi cuerpo, pero no mi alma, que es libre y nació libre. Porque yo no estoy de acuerdo con algunas de estas leyes: los familiares no deben dar a las mujeres por esposas o castigarlas cuando quieren.

55 —Tienes razón, ¡oh, Preciosa! —dijo en ese momento Andrés—, y voy a hacer lo que tú dices. Pero les pido una sola cosa a estos señores, y es que no quiero robar durante el primer mes, porque no sé ser ladrón y necesito aprender.

60 —Calla, hijo —dijo el gitano viejo—, que aquí te vamos a enseñar a robar y después te va a gustar mucho hacerlo.

Después comieron y al llegar la noche mataron a la mula y la enterraron, así Andrés se quedó más tranquilo.

65 Otro día les dijo que quería cambiar de sitio y alejarse de Madrid, porque tenía miedo de ser conocido si seguía por allí. Ellos dijeron que ya pensaron en irse, así

que le dieron a Andrés un burro para viajar en él, pero el muchacho quiso ir a pie junto a Preciosa que iba en otro burro.

* * *

Después de cuatro días llegaron a un pequeño pueblo cerca de Toledo[114], donde pusieron el campamento. Después todas las gitanas viejas, y algunas jóvenes y los gitanos se fueron por todos los lugares. Andrés les acompañó para aprender a robar, pero no lo hizo porque sentía pena por los robos de sus compañeros y a veces pagaba con su dinero a las personas que robaban. Los gitanos, al ver esto, se enfadaban con él, porque lo que hacía iba en contra de sus leyes.

Entonces Andrés les dijo que quería ir a robar solo, sin la compañía de nadie. Los gitanos le respondieron que esto era peligroso[115], pero a él no le importó porque pensaba que así podía comprar cosas y luego decir que las robaba. De esta manera, en menos de un mes trajo más cosas que cualquiera de los otros ladrones.

Preciosa estaba muy contenta de ver a su amante tan guapo y tan buen ladrón, pero también tenía miedo porque podía pasarle alguna desgracia[116] yendo solo. Tenían siempre los dos largos coloquios[117], y cada vez estaban más enamorados el uno del otro.

---
114 Toledo: ciudad de la comunidad de Castilla-La Mancha. A unos 70 km al sur de Madrid.
115 peligroso: que puede causar daño o traer algo malo.
116 desgracia: mal. Que hace daño o que trae algo malo.
117 coloquio: conversación.

En todo lo que hacían los gitanos, Andrés era el mejor: corría y saltaba más que ninguno, jugaba muy bien a los bolos[118] y a la pelota, tiraba la barra[119] con mucha fuerza. Así que en poco tiempo se hizo famoso por todos los lugares adonde iban.

Poco más de un mes estuvieron por las tierras de Toledo, y desde allí se fueron a Extremadura[120]. En todas partes se hablaba del gitano Andrés Caballero y de las cosas que hacía, y a la vez también era famosa la hermosura de la gitanilla.

11. Versión original del texto anterior

Poco más de un mes se estuvieron en los términos de Toledo, donde hicieron su agosto, aunque era por el mes de setiembre, y desde allí se entraron en Extremadura, por ser tierra rica y caliente. Pasaba Andrés con Preciosa honestos, discretos y enamorados coloquios, y ella poco a poco se iba enamorando de la discreción y buen trato de su amante; y él, del mismo modo, si pudiera crecer su amor, fuera creciendo: tal era la honestidad, discreción y belleza de su Preciosa. A doquiera que llegaban, él se llevaba el precio y las apuestas de corredor y de saltar más que ninguno; jugaba a los bolos y a la pelota extremadamente; tiraba la barra con mucha fuerza y singular destreza. Finalmente, en poco tiempo voló su fama por toda Extremadura, y no había lugar donde no se hablase de la gallarda disposición del gitano Andrés Caballero y de sus gracias y habilidades; y al par desta fama corría la de la hermosura de la gitanilla.

---

118 bolo: objeto de madera que se pone de pie y hay que tirarlo con una pelota.
119 barra: aquí, objeto largo y delgado que se tira para ver la fuerza del brazo.
120 Extremadura: región del suroeste de España. Sus provincias son Cáceres y Badajoz.

Por eso, en todos los pueblos y ciudades los llamaban para verlos cantar y bailar en sus fiestas. De esta manera, los gitanos ganaban mucho dinero e iban felices y contentos, y los amantes, alegres, con solo mirarse.

* * *

Una noche oyeron ladrar[121] a los perros más de lo normal. Salieron algunos gitanos, y con ellos Andrés, para ver a quién ladraban, y vieron que se defendía[122] de ellos un hombre vestido de blanco, porque dos perros le mordían[123] una pierna. Llegaron, le ayudaron y uno de los gitanos le dijo:

—¿Quién le trajo por aquí, hombre, a estas horas y tan lejos del camino? ¿Es que viene a robar?

—No vengo a robar —respondió el hombre—, es que me he perdido. Pero, díganme, señores, ¿hay por aquí alguna venta[124] o lugar para dormir esta noche y curarme[125] las heridas[126] de sus perros?

—Aquí no hay ninguna venta —respondió Andrés—, pero para curar sus heridas y dormir esta noche, puede quedarse en nuestro campamento. Venga con nosotros, que, aunque somos gitanos, tenemos caridad[127].

---
121 ladrar: voz que hacen los perros.
122 defenderse: protegerse. Pelear con otra persona que ataca.
123 morder: herir con los dientes.
124 venta: hotel y restaurante de la época.
125 curar: recuperar la salud o hacer desaparecer las heridas.
126 herida: daño causado por algún golpe, corte, etc.
127 caridad: generosidad, compasión. Sentimiento por el que una persona ayuda a otra.

—Muchas gracias —respondió el hombre—, y ayúdenme, porque el dolor de esta pierna no me deja andar.

Se acercó a él Andrés y otro gitano y entre los dos le llevaron.

La noche era clara con la luz de la luna y pudieron ver que el hombre era joven y bien vestido. Llegaron a la barraca de Andrés y encendieron un poco de fuego. Después llamaron a la abuela de Preciosa para curar al herido. Ella le lavó con vino las heridas; luego le puso algunos pelos de los perros, aceite, un poco de romero[128] y unas telas limpias y le dijo que no era importante.

Mientras curaban al herido, estuvo Preciosa delante mirándole con mucha atención, y lo mismo hacía él a ella. Andrés vio cómo el joven la miraba y pensó que era por la hermosura de la gitanilla. Finalmente, después de curarlo, lo dejaron solo y por el momento no quisieron preguntarle nada de adónde iba ni de otra cosa.

Al quedarse solos, Preciosa le dijo a Andrés:

—¿Te acuerdas de un papel que se me cayó en tu casa cuando bailaba con mis compañeras, y que te hizo pasar un mal rato?

—Sí, me acuerdo —respondió Andrés—, era un poema de amor para ti, y no malo.

---
128 romero: hierba que se utiliza para curar.

—Pues tienes que saber, Andrés —replicó Preciosa—, que ese joven mordido que dejamos en la barraca es el que me hizo aquel poema. Estoy segura, porque hablé con él dos o tres veces en Madrid y, además de aquel poema, me dio otro antes también muy bueno. Creo que es el paje de algún príncipe, y por eso no me imagino por qué ha venido hasta aquí y vestido de esa manera.

—¿No te lo imaginas, Preciosa? —respondió Andrés—. Solo puede ser el mismo amor que a mí me ha hecho gitano. ¡Ah, Preciosa, Preciosa, ya veo que te gusta tener más de un enamorado! Y si esto es así, prefiero morir ahora mismo.

—¡Dios mío, Andrés —respondió Preciosa—, qué celoso eres! Dime, ¿entonces por qué te he dicho el nombre de ese joven? Calla, Andrés, por tu vida, y mañana pregúntale adónde va y a qué viene. Y si quieres puedes echarlo del campamento y te prometo que no me va a volver a ver ni él ni ningún otro hombre si tú no quieres.

—Está bien, mañana vamos a saber qué es lo que este señor paje poeta quiere, dónde va o qué es lo que busca.

Después se despidieron, y Andrés se quedó esperando el día para hablar con el herido. Él seguía pensando que aquel paje venía hasta allí por la hermosura de Preciosa, pero por otra parte sabía que ella le decía la verdad.

Llegó el día y visitó al mordido. Primero le preguntó cómo estaba y si todavía le dolían las heridas; después le preguntó cómo se llamaba y adónde iba, y por qué caminaba tan tarde y tan lejos del camino. A esto le respondió el joven que estaba mejor y sin dolor alguno, así que podía seguir su camino. Luego le dijo que se llamaba Alonso Hurtado y que iba a Nuestra Señora de la Peña de Francia[129]. También le dijo que caminaba de noche porque quería llegar pronto, y por eso se perdió.

A Andrés le pareció que no decía la verdad, y de nuevo le dijo:

—Hermano, yo no quiero saber quién es usted, cómo se llama o adónde va, pero me parece que miente. Dice que va a la Peña de Francia, y ya la ha dejado atrás por lo menos treinta leguas[130]; dice que quiere llegar pronto y camina de noche entre los bosques, donde no hay caminos. Amigo, levántese y váyase, y si quiere mentir, primero aprenda a hacerlo. Pero antes, al menos, dígame una verdad: ¿es usted un paje poeta que yo he visto muchas veces en la Corte y que hizo unos poemas para una gitanilla muy hermosa que estuvo en Madrid hace unos días? Dígamelo, que yo prometo guardarle el secreto[131]. Yo creo que usted está enamorado de Preciosa, aquella hermosa gitana a la que le hizo los versos, y por eso ha venido a buscarla. Si esto es así, aquí está la gitanilla.

—Sí, aquí está, que yo la vi anoche —dijo el mordido—. Pero no quise decirle quién era, porque no era bueno para mí.

---
129 Nuestra Señora de la Peña de Francia: santuario, o lugar sagrado, en la provincia de Salamanca (comunidad de Castilla y León).
130 legua: medida antigua de longitud que, en tierra, corresponde a 5 572 m.
131 secreto: algo que no hay que decir a nadie.

—Entonces —dijo Andrés— usted es el poeta que yo he dicho.

—Sí, soy —replicó el joven—, no lo puedo ni lo quiero negar.

—Entonces —respondió Andrés— dígame lo que quiere, porque la gitanilla es parienta mía y ella va a hacer mi voluntad y la de todos sus parientes. Si la quiere por esposa o por amiga se la podemos dar, si tiene usted dinero.

—Dinero traigo —respondió el muchacho—. Aquí tengo cuatrocientos escudos de oro.

Este fue otro susto[132] mortal que tuvo Andrés, porque si traía tanto dinero, era para enamorar a Preciosa. Y dijo:

—Buena cantidad es esa, así que vamos a decírselo a la muchacha y ella va a querer irse con usted.

—¡Ay, amigo! —dijo entonces el joven—. Yo no he venido por amor, ni por Preciosa. He llegado aquí por un gran problema mío.

Con esto que decía el joven, Andrés se iba tranquilizando, porque veía que estaba equivocado sobre lo que aquel hombre venía a buscar. Y este siguió diciendo:

---

132 susto: miedo.

—Yo estaba en Madrid en casa de un conde[133], a quien servía como criado. Este tenía un hijo único, y como era de mi edad, teníamos una gran amistad. Ocurrió que este caballero se enamoró de una mujer muy importante; y una noche pasábamos los dos por la puerta de la casa de esta señora, y vimos junto a ella a dos hombres de buen aspecto. Mi amigo les preguntó quiénes eran, pero ellos sacaron rápidamente las espadas y nos atacaron. La lucha duró poco, porque los matamos a los dos.

Volvimos a casa asustados, tomamos algo de dinero y nos fuimos a una iglesia para escondernos durante aquella noche. Después nos dijeron que una criada de la señora dijo a los policías que mi amigo el conde paseaba a su señora de noche y de día; por eso fueron a buscarnos, pero no nos encontraron. Así se supo en toda la Corte que nosotros matamos a aquellos dos caballeros.

Finalmente, después de quince días de estar escondidos en aquella iglesia, mi amigo y yo salimos, vestidos de frailes[134], con la idea de ir a Italia. Pero yo seguí otro camino y me separé de él. Desde entonces he caminado solo sin saber adónde hasta que anoche llegué aquí. Y si dije que iba a la Peña de Francia fue por responder algo, porque no sé ni dónde está.

Yo pensaba ir a Sevilla, donde conozco a un caballero genovés[135], gran amigo del conde, que me puede ayudar

---

133 conde: persona muy importante, el grado inferior de la nobleza.
134 fraile: hombre religioso.
135 genovés: persona de la ciudad de Génova (Italia).

a irme a Italia. Y esta es, buen amigo, mi historia. Por eso dije antes que he llegado aquí más por la desgracia que por los amores. Pero si estos señores gitanos quieren llevarme con ellos hasta Sevilla yo se lo puedo pagar muy bien, porque así voy más seguro, no con el miedo que tengo.

—Sí, le van a llevar —respondió Andrés—, solo con darles algo de su dinero.

Andrés le dejó y fue a contarles a los demás gitanos la historia del joven y lo que quería hacer. Como supieron que tenía dinero, a todos les pareció bien. Llamaron al muchacho y le dijeron que lo podían esconder, pero que no iban a Sevilla, sino a Murcia. El joven se puso contento, pues Murcia estaba cerca de Cartagena[136], y desde allí podía tomar un barco para ir a Italia. Dio cien escudos de oro para repartirlos entre todos, y con este regalo los gitanos quedaron muy contentos con el muchacho, al que llamaron Clemente desde allí en adelante, aunque su verdadero nombre era don Sancho.

A Preciosa no le gustaba Clemente, por eso Andrés se hizo muy amigo suyo para poder estar cerca de él y mirar lo que hacía y lo que pensaba. Andaban siempre juntos, gastaban mucho dinero, corrían, saltaban y bailaban mejor que nadie, así que las gitanas los querían mucho y los gitanos los respetaban[137].

* * *

---
136 Cartagena: ciudad de la costa del Mediterráneo en la comunidad de Murcia.
137 respetar: obedecer, admirar. Tratar bien a alguien.

Dejaron, pues, Extremadura y poco a poco fueron hacia Murcia. En todo este tiempo, más de mes y medio, Clemente nunca habló con Preciosa. Pero un día estaban los tres juntos y Preciosa le dijo:

—Desde el primer día que llegaste al campamento te conocí, Clemente, y me acordé de los versos que me diste en Madrid. No quise decir nada, porque no sabía para qué viniste. Cuando supe tu desgracia, sentí mucha pena, pero también me tranquilicé, porque pensé que estabas enamorado de mí y querías volverte gitano como ha hecho Andrés. Te digo esto porque sé que Andrés te ha contado toda su historia. Dile que no ha hecho mal, porque yo le amo y no se va a arrepentir[138].

A esto respondió Clemente:

—Preciosa, yo quiero veros felices y sé que algún día vais a estar juntos con la conformidad[139] de sus padres. Eso deseo y eso le voy a decir siempre a tu Andrés.

Andrés y Clemente, pues, siguieron siendo grandes amigos gracias a la buena intención[140] de Clemente y a la prudencia[141] de Preciosa, que no dio nunca ocasión para despertar los celos de Andrés.

---

138 arrepentirse: sentir pena de algo hecho en el pasado.
139 conformidad: acuerdo.
140 intención: voluntad, deseo.
141 prudencia: lo contrario de locura. Cuidado para evitar algo malo.

Capítulo 3

Una mañana se levantó el campamento y se fueron a un lugar cerca de Murcia, donde le pasó a Andrés una desgracia en la que estuvo a punto de perder la vida. Y fue que Preciosa, su abuela, otras gitanillas y los dos, Andrés y Clemente, se quedaron a dormir en un mesón[142] de una viuda[143] rica. Esta señora tenía una hija de unos diecisiete años, llamada Juana Carducha. Esta se enamoró de Andrés tan fuertemente que pensó decírselo y pedirle por esposo.

Versión original del texto anterior

> Aquella mañana se levantó el aduar y se fueron a alojar en un lugar de la jurisdicción de Murcia, tres leguas de la ciudad, donde le sucedió a Andrés una desgracia que le puso en punto de perder la vida. Y fue que, después de haber dado en aquel lugar algunos vasos y prendas de plata en fianzas, como tenían de costumbre, Preciosa y su abuela y Cristina, con otras dos gitanillas y los dos, Clemente y Andrés, se alojaron en un mesón de una viuda rica, la cual tenía una hija de edad de diez y siete o diez y ocho años, algo más desenvuelta que hermosa; y, por más señas, se llamaba Juana Carducha. Ésta, habiendo visto bailar a las gitanas y gitanos, la tomó el diablo, y se enamoró de Andrés tan fuertemente que propuso de decírselo y tomarle por marido.

---
142 mesón: hotel y restaurante de la época.
143 viuda: mujer a la que se le ha muerto el marido.

Así que en un momento que lo encontró a solas en un corral[144] se acercó a él y le dijo:

—Andrés, yo soy soltera y rica, mi madre tiene este mesón, dos casas y unas tierras. Me gustas mucho y si nos casamos vamos a poder llevar una buena vida.

Andrés quedó admirado de las palabras de la Carducha y le respondió:

—Señora, yo ya me voy a casar, y además los gitanos solo nos casamos con gitanas. Muchas gracias, pero yo no soy bueno para usted.

La Carducha casi se cayó muerta por la respuesta de Andrés y no pudo seguir hablando porque entraron en el corral otras gitanas. Se fue muy enfadada y con ganas de vengarse[145]. Andrés pensó que lo mejor era irse de aquel lugar y se lo dijo a todos los gitanos. Ellos así lo hicieron, porque siempre le obedecían[146].

La Carducha, al ver que Andrés se le iba, pensó hacerle quedar a la fuerza, y con maldad puso entre las cosas de Andrés algunas joyas suyas, y nada más salir del mesón empezó a dar voces diciendo que aquellos gitanos le robaron sus joyas. Entonces llegó la policía y toda la gente del pueblo.

---
144 corral: lugar donde se guardan los animales.
145 vengarse: hacer daño a alguien que antes le ha hecho daño a uno.
146 obedecer: hacer lo que dice otra persona.

> **Versión original del texto anterior**
>
> La Carducha, que vio que en irse Andrés se le iba la mitad de su alma, y que no le quedaba tiempo para solicitar el cumplimiento de sus deseos, ordenó de hacer quedar a Andrés por fuerza, ya que de grado no podía. Y así, con la industria, sagacidad y secreto que su mal intento le enseñó, puso entre las alhajas de Andrés, que ella conoció por suyas, unos ricos corales y dos patenas de plata, con otros brincos suyos; y, apenas habían salido del mesón, cuando dio voces, diciendo que aquellos gitanos le llevaban robadas sus joyas, a cuyas voces acudió la justicia y toda la gente del pueblo.

Los gitanos se pararon y juraron[147] que no llevaban ninguna cosa robada y que podían enseñar todos los sacos que tenían. Pero la Carducha dijo que fue aquel gitano tan bailador, que ella lo vio entrar en su habitación dos veces. Entendió Andrés que lo decía por él y, riéndose, dijo:

—Señora, este es mi burro y sobre él están mis cosas. Si usted encuentra entre ellas lo que le falta, yo le voy a pagar siete veces más de lo que valen o la justicia me va a castigar como a un ladrón.

Fueron luego los policías a mirar el burro y en seguida encontraron las joyas robadas. Andrés se quedó tan asustado que no pudo ni hablar.

—¿Ven como yo tenía razón? —dijo entonces la Carducha.

---

147 jurar: asegurar, prometer.

El alcalde[148], que estaba allí, comenzó a hablar mal de Andrés y de todos los gitanos, llamándolos ladrones delante de la gente. Andrés estaba callado y sorprendido, sin darse cuenta todavía de la traición[149] de la Carducha. Entonces se acercó a él un soldado, pariente del alcalde, diciendo:

—Mirad cómo se ha quedado el gitano ladrón, seguro que todavía niega el robo. Tengo ganas de darle una bofetada[150] y tirarlo a mis pies.

Y diciendo esto, sin más, levantó la mano y le dio una bofetada tan grande que le hizo acordarse de que no era Andrés Caballero, sino don Juan y caballero. Se fue hacia el soldado rápidamente con gran cólera[151], le tomó su misma espada y se la metió en el cuerpo, dejándole muerto en tierra.

14. Versión original del texto anterior

Y, diciendo esto, sin más ni más, alzó la mano y le dio un bofetón tal, que le hizo volver de su embelesamiento, y le hizo acordar que no era Andrés Caballero, sino don Juan, y caballero; y, arremetiendo al soldado con mucha presteza y más cólera, le arrancó su misma espada de la vaina y se la envainó en el cuerpo, dando con él muerto en tierra.

Entonces todo el pueblo empezó a gritar, el alcalde se enfadó, Preciosa se desmayó, Andrés se puso muy ner-

---
148 alcalde: persona que manda en un pueblo o ciudad.
149 traición: acción de una persona que engaña a un amigo.
150 bofetada: golpe en la cara con la mano abierta.
151 cólera: gran enfado.

vioso y crecieron la confusión[152] y los gritos. Finalmente, todos los policías se fueron hacia Andrés y le pusieron dos grandes cadenas[153]. El alcalde lo quería ahorcar[154] en ese momento, pero no tenía poder para hacerlo. Tenía que llevarlo a Murcia y lo encerraron en la cárcel[155] hasta el día siguiente. Además, el alcalde tomó a todos los gitanos y gitanas que pudo, pero muchos huyeron[156], entre ellos Clemente.

Finalmente, llevaron a Andrés, a Preciosa y a otros gitanos a Murcia. Al entrar en la ciudad, todo el mundo salió a verlos, porque ya se conocía la muerte del soldado. Pero la hermosura de Preciosa era tan grande aquel día que todos la miraban y la bendecían. La noticia de su belleza llegó a oídos de la señora corregidora[157] y quiso verla; así que le pidió a su marido[158] el corregidor llevarla a casa en vez de a la cárcel.

15. Versión original del texto anterior

Finalmente, con la sumaria del caso y con una gran cáfila de gitanos, entraron el alcalde y sus ministros con otra mucha gente armada en Murcia, entre los cuales iba Preciosa, y el pobre Andrés, ceñido de cadenas, sobre un macho y con esposas y piedeamigo. Salió toda Murcia a ver los presos, que ya se tenía noticia de la muerte del soldado. Pero la hermosura de Preciosa aquel

---

152 confusión: ruido y falta de orden.
153 cadena: conjunto de aros de metal unidos entre sí.
154 ahorcar: matar a una persona colgándola por el cuello con una cuerda.
155 cárcel: prisión, edificio donde la policía mete a las personas que han hecho algo malo.
156 huir: irse muy deprisa de un lugar por miedo.
157 corregidora: mujer del corregidor, el alcalde.
158 marido: esposo. Hombre casado.

> día fue tanta, que ninguno la miraba que no la bendecía, y llegó la nueva de su belleza a los oídos de la señora corregidora, que por curiosidad de verla hizo que el corregidor, su marido, mandase que aquella gitanica no entrase en la cárcel.

A Andrés lo metieron en un calabozo[159] estrecho y oscuro y a Preciosa la llevaron con su abuela a casa de la corregidora. Esta dijo al verla:

—Con razón dicen que es hermosa.

La abrazó tiernamente[160] y no se cansaba de mirarla. Le preguntó a su abuela qué edad tenía esa niña.

—Quince años —respondió la gitana—, dos meses más o menos.

—Esos podía tener ahora mi Constanza. ¡Ay, amigas, que esta niña me ha recordado mi desgracia! —dijo la corregidora.

Tomó entonces Preciosa las manos de la corregidora, se las besó muchas veces y le dijo:

—Señora mía, el gitano que está preso[161] no tiene culpa[162]. Lo hizo porque le dieron una bofetada y le llamaron ladrón sin serlo. Por Dios, señora, dígale al

---
159 calabozo: cárcel debajo de la tierra; normalmente casi sin luz y sucia.
160 tiernamente: con mucho cariño.
161 preso: persona que está en la cárcel.
162 culpa: falta, error.

señor corregidor que no pueden ahorcarlo, porque tiene que ser mi esposo y sin él yo no puedo vivir. Si es necesario dinero para recibir el perdón[163], podemos vender todo lo que hay en el campamento y dar incluso más. Señora mía, si sabe lo que es amor, y ahora lo tiene en su esposo, ayúdeme, pues yo amo tiernamente al mío.

Mientras le decía todo esto, no le soltó las manos ni dejó de mirarla con lágrimas en los ojos. De la misma manera, la corregidora la tenía a ella tomada de las suyas y también lloraba. De repente, entró el corregidor y se quedó sorprendido de ver a su mujer y a Preciosa tan abrazadas y llorando. Preguntó qué pasaba y la respuesta de Preciosa fue soltar las manos de la corregidora e irse a los pies del corregidor, diciéndole:

—¡Señor, misericordia[164], misericordia! ¡Si mi esposo muere, yo también soy muerta! Él no tiene culpa, denos tiempo para demostrar la verdad.

Todavía más sorprendido quedó el corregidor de oír a la gitanilla. Y mientras esto pasaba, la gitana vieja estaba pensando en muchas e importantes cosas; y de repente dijo:

—Espérenme un momento, señores míos, a mí me pueden matar, pero estas lágrimas van a volverse risas.

---
163 recibir el perdón: no ser castigado.
164 misericordia: compasión, bondad. Sentimiento que tiene alguien por otro y le ayuda.

Y así, rápidamente, se fue. Allí se quedaron los tres pensando en lo que dijo la vieja. Mientras ella volvía, Preciosa no dejó de llorar y de pedir misericordia para su esposo. Volvió la gitana con una pequeña caja debajo del brazo, y se fue con el corregidor y con su mujer a otra habitación, para contarles en secreto[165] cosas muy importantes. La gitana les dijo:

—Yo hice una cosa muy mala y aquí estoy para recibir el castigo, pero antes de decirles mi secreto, quiero enseñarles estas joyas.

Abrió la caja en la que venían las joyas de Preciosa y se las dio al corregidor. Las miraron los dos y la corregidora dijo:

—Estas son cosas de alguna pequeña criatura[166].

—Así es —dijo la gitana—, y en este papel está escrito el nombre de esa criatura.

Lo abrió deprisa el corregidor y leyó lo que decía:

La niña se llamaba doña Constanza de Azevedo y de Meneses; su madre, doña Guiomar de Meneses, y su padre, don Fernando de Azevedo, caballero de la orden de Calatrava[167]. Me la llevé el día de la Ascensión del Señor, a las ocho de la mañana, del año 1595. La niña llevaba puestas las joyas que están guardadas en esta caja.

---

165 en secreto: a solas para no ser oídos.
166 criatura: bebé, niño muy pequeño.
167 caballero de la orden de Calatrava: ver nota 86.

Nada más oír estas palabras, la corregidora reconoció[168] las joyas, se las puso en la boca, empezó a darles muchos besos y se desmayó. Fue el corregidor hacia ella y al despertarse dijo:

—Mujer buena, ¿dónde está la criatura que llevaba estas joyas?

—¿Adónde, señora? —respondió la gitana—. En su casa la tiene: las joyas las llevaba aquella gitana que le hizo llorar, y ella es sin duda su hija, porque yo la robé de su casa en Madrid el día y hora que dice ese papel.

Al oír esto, la señora soltó las joyas y fue corriendo a la habitación donde estaba Preciosa y la encontró todavía llorando. Se fue hacia ella, y sin decirle nada, rápidamente le desabrochó[169] el vestido y miró si tenía debajo de la teta[170] izquierda una señal[171] pequeña con la que nació, y la encontró ya grande. Luego, también muy deprisa, le quitó un zapato y vio en el pie derecho lo que buscaba: los dos dedos últimos estaban unidos por un poquito de carne. La señal del pecho, los dedos, las joyas, el día señalado del robo y la alegría que tuvieron los padres al verla confirmaron[172] en el alma de la corregidora que Preciosa era su hija.

---

168 reconocer: ver una cosa y decir que ya se conoce.
169 desabrochar: soltar los botones.
170 teta: pecho, generalmente se dice del de las mujeres.
171 señal: aquí, pequeño dibujo en la piel.
172 confirmar: afirmar otra vez algo que no era seguro.

16. Versión original del texto anterior

—Si las buenas nuevas que os quiero dar, señores, no merecieren alcanzar en albricias el perdón de un gran pecado mío, aquí estoy para recebir el castigo que quisiéredes darme; pero antes que le confiese quiero que me digáis, señores, primero, si conocéis estas joyas.

Y, descubriendo un cofrecico donde venían las de Preciosa, se le puso en las manos al corregidor, y, en abriéndole, vio aquellos dijes pueriles; pero no cayó [en] lo que podían significar. Mirólos también la corregidora, pero tampoco dio en la cuenta; sólo dijo:

—Estos son adornos de alguna pequeña criatura.

—Así es la verdad —dijo la gitana—; y de qué criatura sean lo dice ese escrito que está en ese papel doblado.

Abrióle con priesa el corregidor y leyó que decía:

Llamábase la niña doña Constanza de Azevedo y de Meneses; su madre, doña Guiomar de Meneses, y su padre, don Fernando de Azevedo, caballero del hábito de Calatrava. Desparecíla día de la Ascensión del Señor, a las ocho de la mañana, del año de mil y quinientos y noventa y cinco. Traía la niña puestos estos brincos que en este cofre están guardados.

Apenas hubo oído la corregidora las razones del papel, cuando reconoció los brincos, se los puso a la boca, y, dándoles infinitos besos, se cayó desmayada. Acudió el corregidor a ella, antes que a preguntar a la gitana por su hija, y, habiendo vuelto en sí, dijo:

—Mujer buena, antes ángel que gitana, ¿adónde está el dueño, digo la criatura cuyos eran estos dijes?

—¿Adónde, señora? —respondió la gitana—. En vuestra casa la tenéis: aquella gitanica que os sacó las lágrimas de los ojos es su dueño, y es sin duda alguna vuestra hija; que yo la hurté en Madrid de vuestra casa el día y hora que ese papel dice.

Oyendo esto la turbada señora, soltó los chapines, y desalada y corriendo salió a la sala adonde había dejado a Preciosa, y hallóla rodeada de sus doncellas y criadas, todavía llorando. Arremetió a ella, y, sin decirle nada, con gran priesa le desabrochó el pecho y miró si tenía debajo de la teta izquierda una señal pequeña, a modo de lunar blanco, con que había nacido, y hallóle ya grande, que con el tiempo se había dilatado. Luego, con la misma celeridad, la descalzó, y descubrió un pie de nieve y de marfil, hecho a torno, y vio en él lo que buscaba, que era que los dos dedos últimos del pie derecho se trababan el uno con el otro por medio con un poquito de carne, la cual, cuando niña, nunca se la habían querido cortar por no darle pesadumbre. El pecho, los dedos, los brincos, el día señalado del hurto, la confesión de la gitana y el sobresalto y alegría que habían recebido sus padres cuando la vieron, con toda verdad confirmaron en el alma de la corregidora ser Preciosa su hija.

Preciosa estaba confusa[173], porque no sabía lo que pasaba y doña Guiomar le dijo a su marido:

—Esta es su hija Constanza, señor, y no puede tener duda, porque he visto la señal de los dedos juntos y la del pecho. Y además lo sentí en mi alma desde el primer momento en que mis ojos la vieron.

—No lo dudo —respondió el corregidor, y tomó en sus brazos a Preciosa— porque lo mismo he sentido yo al verla.

El corregidor dijo a su mujer, y a su hija, y a la gitana vieja, que aquello tenía que guardarse en secreto

---
173 confusa: que no sabe lo que pensar o lo que hacer.

por el momento; y también le dijo a la vieja que él la perdonaba[174], porque era muy grande la alegría que sentía de volverla a tener otra vez, pero tenía mucha pena porque estaba casada con un gitano ladrón y homicida[175].

—¡Ay! —dijo a esto Preciosa—, señor mío, que ni es gitano ni ladrón. Mató a un hombre porque le llamó ladrón y le pegó.

—¿No es gitano, hija mía? —dijo doña Guiomar.

Entonces la gitana vieja contó brevemente la historia de Andrés Caballero, y que era hijo de don Francisco de Cárcamo, caballero de la orden de Santiago[176], y que se llamaba don Juan de Cárcamo, también de la misma orden. Dijo que ella guardaba el traje de caballero que se quitó cuando se hizo gitano. Contó también que Preciosa y don Juan estaban esperando dos años para conocerse antes de casarse.

Versión original del texto anterior

—¡Ay! —dijo a esto Preciosa—, señor mío, que ni es gitano ni ladrón, puesto que es matador; pero fuelo del que le quitó la honra, y no pudo hacer menos de mostrar quién era y matarle.

—¿Cómo que no es gitano, hija mía? —dijo doña Guiomar.

---

174 perdonar: no castigar a alguien por hacer una cosa mala.
175 homicida: persona que mata a otra, asesino.
176 caballero de la orden de Santiago: ver nota 86.

> Entonces la gitana vieja contó brevemente la historia de Andrés Caballero, y que era hijo de don Francisco de Cárcamo, caballero del hábito de Santiago, y que se llamaba don Juan de Cárcamo; asimismo del mismo hábito, cuyos vestidos ella tenía, cuando los mudó en los de gitano. Contó también el concierto que entre Preciosa y don Juan estaba hecho, de aguardar dos años de aprobación para desposarse o no. Puso en su punto la honestidad de entrambos y la agradable condición de don Juan.

Se admiraron tanto de esto como de volver a ver a su hija, y el corregidor le dijo a la gitana que quería ver el traje de don Juan. Ella se fue y volvió con otro gitano que vino con el traje.

Mientras ella iba y volvía, sus padres le hicieron a Preciosa cien mil preguntas. Le preguntaron qué sentía por don Juan, y ella respondió que le estaba muy agradecida por hacerse gitano por ella. Pero que ahora pensaba obedecer a sus padres. Entonces doña Guiomar le dijo a su marido:

—Señor, si don Juan de Cárcamo es un hombre tan importante y si quiere tanto a nuestra hija, no está mal dársela por esposa.

Y él respondió:

—Hoy la hemos vuelto a encontrar, ¿y ya la vamos a perder? Tengámosla con nosotros algún tiempo, porque si la casamos no va a ser nuestra, sino de su marido.

—Tiene razón, señor —respondió ella—, pero mande sacar a don Juan del calabozo.

—Primero quiero ir yo a verle —respondió el corregidor— y de nuevo le pido, señora, que nadie tiene que saber esta historia de momento.

Abrazó a Preciosa y luego se fue a la cárcel.

* * *

Entró en el calabozo donde estaba don Juan y lo encontró todavía atado con las cadenas. El lugar era muy oscuro, pero mandó abrir una pequeña ventana del techo y al verlo le dijo:

—¿Cómo está el ladrón? ¡Así quiero yo tener atados a todos los gitanos de España, para acabar con ellos en un día! Yo soy el corregidor de esta ciudad, y vengo a saber si es verdad que es su esposa una gitanilla que viene con ustedes.

Al oír esto Andrés, pensó que el corregidor estaba enamorado de Preciosa y le entraron muchos celos. Entonces dijo:

—Si ella ha dicho que soy su esposo, es verdad; y si ha dicho que no lo soy, también es verdad, porque Preciosa no dice mentiras[177].

---

177 mentira: que no es verdad.

—Ella ha dicho que es su esposa —respondió el corregidor—, pero que nunca le ha dado la mano. Y me ha pedido que antes de su muerte quiere casarse con usted. Yo puedo casarles.

—Pues hágalo si ella lo quiere, señor corregidor. Así yo me voy a ir contento a la otra vida.

—¡Parece que la quiere mucho! —dijo el corregidor.

—Tanto que no se puede decir con palabras —respondió el preso—. Señor corregidor, amo a esa gitana y voy a morir contento si antes la hago mi esposa.

—Pues esta noche van a venir por usted —dijo el corregidor—, en mi casa se va a casar con Preciosa y mañana a mediodía va a ir a la horca[178]. Así yo voy a cumplir[179] lo que dice la justicia y también vuestro deseo.

Andrés se lo agradeció, y el corregidor volvió a su casa y le explicó a su mujer lo que habló con don Juan y otras cosas que pensaba hacer.

Llegó la noche, y a las diez sacaron a Andrés de la cárcel atado con una larga cadena. Lo llevaron sin ser vistos a casa del corregidor y lo pasaron a una sala[180] donde estaban doña Guiomar, el corregidor, Preciosa, un cura[181] y otros dos criados de casa. Cuando Preciosa

---
178 horca: lugar donde se cuelga a una persona.
179 cumplir: hacer algo que se debe, normalmente por obligación.
180 sala: habitación principal de una casa.
181 cura: sacerdote de la religión católica.

vio a don Juan atado con la cadena, con mal aspecto y llorando, se entristeció y se abrazó a su madre; entonces esta le dijo:

—Tranquila, niña, todo va a salir bien.

Ella no sabía nada de aquello y los demás estaban deseosos de ver cómo iba a acabar aquella situación.

El corregidor dijo:

—Señor cura, este gitano y esta gitana son los que usted tiene que casar.

—Eso no lo puedo hacer, porque no tengo la licencia[182] de mi superior[183] para casarlos.

—Ha sido culpa mía —respondió el corregidor—, pero yo le voy a pedir al vicario[184] la licencia.

—Pues si no la veo, no puedo casarlos —respondió el cura.

Y sin decir más palabras se fue de casa y los dejó a todos confusos.

—El padre ha hecho muy bien —dijo entonces el corregidor—, porque primero tiene que llegar la licen-

---

182 licencia: permiso, autorización.
183 superior: persona que es más importante que otra, jefe.
184 vicario: en la religión católica, alguien que es más importante que el cura.

La gitanilla

cia. Y yo quiero saber de Andrés si después de casarse con Preciosa va a ser feliz siendo Andrés Caballero o va a volver a ser don Juan de Cárcamo.

Cuando Andrés oyó su verdadero nombre dijo:

—Parece que Preciosa ha contado toda la verdad y ha dicho quién soy, pero yo prefiero estar con ella que ser rey.

—Pues por este amor que siente, señor don Juan de Cárcamo, en su momento Preciosa va a ser su esposa. Ámela como dice, porque ella es doña Constanza de Meneses, mi única hija, y su linaje[185] es tan importante como el de usted.

Andrés se quedó sorprendido viendo el amor que le tenían todos, y en pocas palabras doña Guiomar le contó todo lo que hablaron sobre Preciosa y el encuentro con sus padres después de tantos años. Don Juan seguía sorprendido, pero a la vez muy alegre. Abrazó a sus suegros[186] y los llamó padres, y besó las manos de Preciosa, que estaba llorando de alegría.

Se rompió el secreto y todo el pueblo supo lo que pasó. Cuando lo supo el alcalde, tío del muerto, vio que ya no podía vengarse, porque la justicia no iba a hacer nada contra el yerno[187] del corregidor. Pero le dieron dos mil ducados y lo perdonó.

---
185 linaje: el total de los parientes de una persona, sobre todo de las importantes.
186 suegros: padres del marido o de la esposa con respecto al otro.
187 yerno: el marido de la hija con respecto a los padres de esta.

Don Juan se puso el traje de caballero que llevó la gitana y cambió las cadenas de hierro por otras de oro. Sacaron de la cárcel a todos los gitanos y buscaron a Clemente, pero no lo encontraron ni supieron nada de él hasta cuatro días después. Les dijeron que embarcó[188] en Cartagena para ir a Italia.

El corregidor le dijo a don Juan que podían esperar a su padre, don Francisco de Cárcamo, para dar su conformidad a la boda, y don Juan estuvo de acuerdo. Llegó la noticia a la Corte y don Francisco de Cárcamo supo que su hijo estaba bien, al cual daba por perdido, porque ya le dijeron que no fue a Flandes. Al cabo de veinte días llegó a Murcia, muy feliz de ver a su hijo casarse con la hija de un señor tan importante y tan rico.

18. Versión original del texto anterior

Llegaron las nuevas a la Corte del caso y casamiento de la gitanilla; supo don Francisco de Cárcamo ser su hijo el gitano y ser la Preciosa la gitanilla que él había visto, cuya hermosura disculpó con él la liviandad de su hijo, que ya le tenía por perdido, por saber que no había ido a Flandes; y más, porque vio cuán bien le estaba el casarse con hija de tan gran caballero y tan rico como era don Fernando de Azevedo.

Se me olvidaba decir que la enamorada mesonera[189] dijo a la policía que no era verdad lo del robo de Andrés el gitano, y no la castigaron porque con la alegría de la boda le dieron el perdón.

---
188 embarcar: subir en un barco.
189 mesonera: mujer que tiene un mesón.

ACTIVIDADES

TALLER DE LECTURA

Aquí tienes dos fragmentos de *La gitanilla*: texto adaptado y versión original. Léelos y responde a las preguntas.

Fragmento 1.

Texto adaptado

Una gitana vieja crió a una muchacha como su nieta. Le puso el nombre de Preciosa y le enseñó todas las costumbres de los gitanos y sus maneras de mentir y de robar. Preciosa era la mejor bailadora de todos los gitanos y la más hermosa y discreta de todas las mujeres.

La dura vida que llevan los gitanos no puso feas su cara ni sus manos; recibía una mala educación, pero no parecía gitana porque era muy buena con todas las personas. Además era muy simpática y desenvuelta, pero honesta, por eso ninguna otra gitana decía palabras feas delante de ella.

Por todo eso, la abuela se dio cuenta del tesoro que tenía en la nieta y quiso enseñarle a ganar dinero gracias a su inteligencia. Preciosa aprendió muchas canciones y versos, especialmente romances, que los cantaba con una simpatía especial; porque su abuela, que era muy lista, vio que todas esas cosas en una chica tan joven y tan hermosa podían hacerle ganar mucho dinero.

1. ¿Por qué se dice que Preciosa recibía una mala educación?
2. ¿Por qué ninguna gitana decía palabras feas delante de ella?
3. ¿Por qué la abuela de Preciosa se dio cuenta de que tenía un tesoro en su nieta?
4. Observa las palabras subrayadas en la versión original y marca su equivalente en el texto adaptado.

Versión original

Una, pues, desta nación, gitana vieja, que podía ser jubilada en la ciencia de Caco, crió una muchacha en nombre de nieta suya, a quien puso nombre Preciosa, y a quien enseñó todas sus gitanerías y modos de embelecos y trazas de hurtar. Salió la tal Preciosa la más única bailadora que se hallaba en todo el gitanismo, y la más hermosa y discreta que pudiera hallarse, no entre los gitanos, sino entre cuantas hermosas y discretas pudiera pregonar la fama.

Ni los soles, ni los aires, ni todas las inclemencias del cielo, a quien más que otras gentes están sujetos los gitanos, pudieron deslustrar su rostro ni curtir las manos; y lo que es más, que la crianza tosca en que se criaba no descubría en ella sino ser nacida de mayores prendas que de gitana, porque era en estremo cortés y bien razonada. Y, con todo esto, era algo desenvuelta, pero no de modo que descubriese algún género de deshonestidad; antes, con ser aguda, era tan honesta, que en su presencia no osaba alguna gitana, vieja ni moza, cantar cantares lascivos ni decir palabras no buenas.

Y, finalmente, la abuela conoció el tesoro que en la nieta tenía; y así, determinó el águila vieja sacar a volar su aguilucho y enseñarle a vivir por sus uñas.

Salió Preciosa rica de villancicos, de coplas, seguidillas y zarabandas, y de otros versos, especialmente de romances, que los cantaba con especial donaire. Porque su taimada abuela echó de ver que tales juguetes y gracias, en los pocos años y en la mucha hermosura de su nieta, habían de ser felicísimos atractivos e incentivos para acrecentar su caudal.

La gitanilla

Fragmento 2.

Texto adaptado

—Yo hice una cosa muy mala y aquí estoy para recibir el castigo, pero antes de decirles mi secreto, quiero enseñarles estas joyas.

Abrió la caja en la que venían las joyas de Preciosa y se las dio al corregidor. Las miraron los dos y la corregidora dijo:

—Estas son cosas de alguna pequeña criatura.

—Así es —dijo la gitana—, y en este papel está escrito el nombre de esa criatura.

Lo abrió deprisa el corregidor y leyó lo que decía:

La niña se llamaba doña Constanza de Azevedo y de Meneses; su madre, doña Guiomar de Meneses, y su padre, don Fernando de Azevedo, caballero de la orden de Calatrava. Me la llevé el día de la Ascensión del Señor, a las ocho de la mañana, del año 1595. La niña llevaba puestas las joyas que están guardadas en esta caja.

Nada más oír estas palabras, la corregidora reconoció las joyas, se las puso en la boca, empezó a darles muchos besos y se desmayó. Fue el corregidor hacia ella y al despertarse dijo:

—Mujer buena, ¿dónde está la criatura que llevaba estas joyas?

—¿Adónde, señora? —respondió la gitana—. En su casa la tiene: las joyas las llevaba aquella gitana que le hizo llorar, y ella es sin duda su hija, porque yo la robé de su casa en Madrid el día y hora que dice ese papel.

1. ¿Qué enseñó la gitana a los corregidores? ¿Qué había dentro?
2. ¿Cuál es el nombre verdadero de Preciosa?
3. ¿Por qué tenía la gitana todas esas cosas?
4. ¿Quiénes son los padres de Preciosa?
5. Observa las palabras subrayadas en la versión original y marca su equivalente en el texto adaptado.

Versión original

—Si las buenas nuevas que os quiero dar, señores, no merecieren alcanzar en albricias el perdón de un gran pecado mío, aquí estoy para recebir el castigo que quisiéredes darme; pero antes que le confiese quiero que me digáis, señores, primero, si conocéis estas joyas.

Y, descubriendo un <u>cofrecico</u> donde venían las de Preciosa, se le puso en las manos al corregidor, y, en abriéndole, vio aquellos dijes pueriles [...]. Mirólos también la corregidora, pero tampoco dio en la cuenta; sólo dijo:

—Estos son <u>adornos</u> de alguna pequeña criatura.

—Así es la verdad —dijo la gitana—; y de qué criatura sean lo dice ese escrito que está en ese papel doblado. Abrióle con <u>priesa</u> el corregidor y leyó que decía:

Llamábase la niña doña Constanza de Azevedo y de Meneses; su madre, doña Guiomar de Meneses, y su padre, don Fernando de Azevedo, caballero del hábito de Calatrava. <u>Desparecía</u> día de la Ascensión del Señor, a las ocho de la mañana, del año de mil y quinientos y noventa y cinco. Traía la niña puestos estos <u>brincos</u> que en este <u>cofre</u> están guardados.

Apenas hubo oído la corregidora las razones del papel, cuando reconoció los brincos, se los puso a la boca, y, dándoles infinitos besos, se cayó desmayada. Acudió el corregidor a ella, antes que a preguntar a la gitana por su hija, y, habiendo vuelto en sí, dijo:

—Mujer buena, antes ángel que gitana, ¿adónde está el dueño, digo la criatura cuyos eran estos dijes?

—¿Adónde, señora? —respondió la gitana—. En vuestra casa la tenéis: aquella gitanica que os sacó las lágrimas de los ojos es su dueño, y es sin duda alguna vuestra hija; que yo la hurté en Madrid de vuestra casa el día y hora que ese papel dice.

TALLER DE ESCRITURA

Redactas un texto

- En el siguiente texto, cuando el joven caballero habla con Preciosa y la gitana, las trata de *usted*. Vuelve a escribir ese fragmento utilizando *tú*.

  Él se acercó a ellas y le dijo a la gitana:
  —*Por su vida, amiga, déjeme hablar con usted y con Preciosa a solas, porque tengo que decirles una cosa que les va a gustar.*

Escribes tu opinión

- ¿Qué diferencia hay entre hablar de *usted* y hablar de *tú*? ¿Crees que esta diferencia es importante en la sociedad actual?
- ¿Qué personaje te ha gustado más de *La gitanilla*? Justifica tu respuesta.
- En el texto se dice de Preciosa: «no parecía gitana porque era muy buena» y «lástima que esa muchacha sea gitana». ¿Te parecen comentarios negativos? Haz una redacción de unas 150 palabras sobre el racismo.

DICCIONARIO

Traduce a tu lengua.

a punto de	al cabo de ....
a salvo	alcalde (el) ....
a solas	alegrar ....
a veces	alegría (la) ....
abajo	alejar ....
abrazado, a	alma (el) ....
abrazar	amador, -a ....
acercar	amante ....
acompañado, a	amar ....
acompañar	amistad (la) ....
acordarse	anciano, a ....
acuerdo (el)	andar ....
adelante	animar ....
además	anoche ....
adivinar	antes ....
adivino, a (el, la)	apartar ....
admirado, a	arrepentirse ....
admirar	aseo (el) ....
adulterio (el)	asombrado, a ....
agradable	aspecto (el) ....
agradecer	astuto, a ....
agradecido, a	asustado, a ....
ahorcado, a	asustar ....
ahorcar	atacar ....

La gitanilla

atado, a	burlarse ....
atar	burro, a (el, la) ....
atentamente	buscar ....
atrás	caballero (el) ....
aumentar	cabello (el) ....
aún	cadena (la) ....
ayudar	caer ....
bailador, -a (el, la)	caja (la) ....
bailar	calabozo (el) ....
baile (el)	callado, a ....
balcón (el)	callar ....
barba (la)	cambiar ....
barco (el)	caminar ....
barra (la)	camino (el) ....
barraca (la)	campamento (el) ....
belleza (la)	campo (el) ....
bendecir	cantidad (la) ....
besar	canto (el) ....
beso (el)	cara (la) ....
boda (la)	cárcel (la) ....
bofetada (la)	caridad (la) ....
bolo (el)	casado, a ....
bolsa (la)	casar ....
bolsillo (el)	castigar ....
bosque (el)	castigo (el) ....
brazo (el)	celos (los) ....
brevemente	celoso, a ....
brillante	ceremonia (la) ....
buen(o, a)	cinta (la) ....
buenaventura (la)	cólera (la) ....

coloquio (el)	criatura (la) ....
colorado, a	cruz (la) ....
comenzar	cuarto (el) ....
compañero, a (el, la)	cuenta (la) ....
compañía (la)	cuerpo (el) ....
condición (la)	culpa (la) ....
confianza (la)	cumplir ....
confirmar	cura (el) ....
conformidad (la)	curar ....
confusión (la)	curioso, a ....
confuso, a	dama (la) ....
conocer	dar ....
conocido, a	de repente ....
conseguir	de veras ....
contento, a	debajo ....
contestar	deber ....
corazón (el)	decidir ....
corral (el)	dedal (el) ....
corregidor, -a (el, la)	defender ....
correr	dejar ....
corro (el)	delante ....
cortar	delito (el) ....
corte (el)	demostrar ....
cosa (la)	dentro ....
costumbre (la)	deprisa ....
crecer	derecho, a ....
creer	desabrochar ....
criado, a	desaparecer ....
criado, a (el, la)	descubierto, a ....
criar	desear ....

La gitanilla

desenvuelto, a	enamorado, a ....
deseo (el)	enamorar ....
deseoso, a	encender ....
desgracia (la)	encerrar ....
desmayar	encontrar ....
despacio	encuentro (el) ....
despedir	enfadado, a ....
despertar	enfadar ....
despierto, a	engañar ....
después	engaño (el) ....
devolver	enseñar ....
diablo (el)	enterrar ....
dinero (el)	entrada (la) ....
discreción (la)	entregar ....
discreto, a	entristecer ....
doblado, a	equivocado, a ....
doctor, -a (el, la)	escoger ....
doler	escogido, a ....
dolor (el)	esconder ....
duda (la)	escondido, a ....
dudar	escudo (el) ....
durar	esmeralda (la) ....
duro, a	espada (la) ....
echar	especial ....
edad (la)	especialmente ....
educación (la)	esperar ....
ejército (el)	esposo, a (el, la) ....
elegante	estrecho, a ....
embarcar	estropear ....
en secreto	facilidad (la) ....

falda (la)	herir ....
faltar	hermoso, a ....
fama (la)	hermosura (la) ....
famoso, a	hierro (el) ....
feliz	hombre (el) ....
finalmente	homicida (el, la) ....
flor (la)	honesto, a ....
fraile (el)	honrado, a ....
fuego (el)	horca (la) ....
fuente (la)	huir ....
fuertemente	idea (la) ....
fuerza (la)	iglesia (la) ....
gana (la)	imaginar ....
ganar	imposible ....
gastar	incesto (el) ....
gigante	informar ....
gracia (la)	ingenio (el) ....
gran(de)	inteligencia (la) ....
grave	intención (la) ....
gritar	joya (la) ....
grito (el)	jugar ....
guardado, a	juntar ....
guardar	jurar ....
guitarra (la)	justicia (la) ....
hábito (el)	labrador, -a (el, la) ....
hechicero, a (el, la)	lado (el) ....
hechizar	ladrar ....
hechizo (el)	ladrón, -a (el, la) ....
herida (la)	lágrima (la) ....
herido, a	lavar ....

La gitanilla

ley (la) ....
libertad (la) ....
libre ....
licencia (la) ....
limosna (la) ....
linaje (el) ....
lindo, a ....
listo, a ....
llamado, a ....
llamar ....
llenar ....
llorar ....
lucha (la) ....
lugar (el) ....
luna (la) ....
luz (la) ....
mal ....
maldad (la) ....
mandar ....
manera (la) ....
mano (la) ....
marchito, a ....
marido (el) ....
matar ....
matrimonio (el) ....
mayor ....
medicina (la) ....
medio, a ....
mediodía (el) ....
mejor ....

menos ....
mentir ....
mentira (la) ....
mentiroso, a ....
mesón (el) ....
mesonero, a (el, la) ....
meter ....
miedo (el) ....
milagroso, a ....
mirar ....
misericordia (la) ....
mismo, a ....
modo (el) ....
momento (el) ....
moneda (la) ....
montaña (la) ....
mordido, a ....
mortal ....
morir ....
muchacho, a (el, la) ....
muerte (la) ....
muerto, a ....
mulo, a (el, la) ....
mundo (el) ....
nacer ....
nación (la) ....
necesario, a ....
necesitar ....
negar ....
nervioso, a ....

nieto, a (el, la)	patrón, -a (el, la) ....
noble (el)	pecho (el) ....
normal	pegar ....
normalmente	peligroso, a ....
noticia (la)	pellizco (el) ....
nunca	pelota (la) ....
obedecer	pena (la) ....
ocasión (la)	perder ....
ocurrir	perdido, a ....
odiar	perdón (el) ....
olvidar	perdonar ....
orden (la)	perla (la) ....
oro (el)	pierna (la) ....
oscuro, a	pieza (la) ....
pagar	plata (la) ....
paje (el)	pluma (la) ....
palacio (el)	pobre ....
palma (la)	pobreza (la) ....
palo (el)	poema (el) ....
panderete (el)	poeta (el) ....
papel (el)	preso, a (el, la) ....
parar	promesa (la) ....
parecer	prometer ....
pariente, a (el, la)	pronto ....
parte (la)	próximo, a ....
partir	prudencia (la) ....
pasar	público (el) ....
pasear	quedar ....
pasión (la)	quitar ....
paso (el)	rama (la) ....

La gitanilla

rápidamente ....
rapidez (la) ....
rato (el) ....
razón (la) ....
real (el) ....
recibir ....
reconocer ....
recordar ....
recuerdo (el) ....
regalo (el) ....
reja (la) ....
repartir ....
replicar ....
resbalar ....
respetar ....
respirar ....
resto (el) ....
rey, reina (el, la) ....
rico, a ....
rincón (el) ....
río (el) ....
risa (la) ....
reír ....
robado, a ....
robar ....
robo (el) ....
romance (el) ....
romancero, a ....
romero (el) ....
romper ....

ropa (la) ....
saber ....
sabio, a ....
sacar ....
saco (el) ....
sala (la) ....
saltar ....
salto (el) ....
san(to), santa (el, la) ....
secreto (el) ....
seda (la) ....
seguido, a ....
seguir ....
seguro, a ....
sentir ....
señal (la) ....
señalado, a ....
señalar ....
señor, -a (el, la) ....
separar ....
servir ....
siguiente ....
sitio (el) ....
situación (la) ....
soldado (el) ....
solo ....
solo, a ....
soltar ....
soltero, a ....
sombra (la) ....

sombrero (el) .... único, a ....
sonaja (la) .... unido, a ....
sonido (el) .... unir ....
sorprender .... vaciar ....
sorprendido, a .... valer ....
suegro, a (el, la) .... valle (el) ....
suelo (el) .... vecino, a (el, la) ....
superior .... vender ....
susto (el) .... vengar ....
tarde .... venta (la) ....
tarde (la) .... verdad (la) ....
techo (el) .... verdadero, a ....
tela (la) .... verso (el) ....
teniente (el) .... vez (la) ....
tesoro (el) .... vicario (el) ....
teta (la) .... vida (la) ....
tiernamente .... viejo, a ....
tierra (la) .... vino (el) ....
tirar .... virginidad (la) ....
tocar .... viudo, a (el, la) ....
todavía .... vivir ....
tomar .... vivo, a ....
tonto, a .... voluntad (la) ....
traer .... volver ....
traición (la) .... voz (la) ....
traje (el) .... vuelta (la) ....
tranquilizar .... vulgar ....
tranquilo, a .... yerno (el) ....
trato (el) .... zapato (el) ....
último, a ....

Títulos de la colección

Nivel A2

El Lazarillo de Tormes. *Anónimo.*
La gitanilla. *Miguel de Cervantes.*
Fuenteovejuna. *Lope de Vega.*
Don Juan Tenorio. *José Zorrilla.*
El estudiante de Salamanca. *José de Espronceda.*
Sangre y arena. *Vicente Blasco Ibáñez.*

Nivel B1

Cantar de Mío Cid. *Anónimo.*
La Celestina. *Fernando de Rojas.*
La vida es sueño. *Calderón de la Barca.*
La Regenta. *Leopoldo Alas «Clarín».*

Nivel B2

Don Quijote de la Mancha I. *Miguel de Cervantes.*
Don Quijote de la Mancha II. *Miguel de Cervantes.*